ウニベルシタス研究所叢書

大学における DX とは

大学の明るい未来に向けて

村上　雅人
渡辺　圭祐

飛翔舎

ウニベルシタス研究所叢書について

　ウニベルシタス研究所叢書は、日本の大学教育をよりよきものにしようと奮闘する教職員への応援歌です。

　いまは、18歳人口の減少により大学に厳しい時代と言われ、経営難に直面している大学もあります。しかし、高等教育機関である大学には「日本の将来を支える人材を育成する」という重要な使命があります。この本質を理解し、大学の本来のミッションである教育、研究を大学運営の中心に据えれば、大学は評価され経営も安定するはずです。

　本叢書は、大学、そしてそれを支える皆さんに「がんばれ」のエールを送るとともに、大学運営や教職員の役割などについて経験豊富な執筆陣が Tips を語ります。本叢書が、大学が本来の使命を全うするための道標となれば幸いです。

ウニベルシタス研究所叢書編集委員会
大工原孝（ウニベルシタス研究所所長）
井上雅裕、髙橋剛、寺尾謙、村上雅人、吉川倫子
2025 年　春

まえがき

　1980年代に、「将来、大学冬の時代が来る」と叫ばれてから久しいです。この間、多くの私立大学が生き残りをかけた施策を展開してきました。ただし、少子化などの影響もあり、2024年には、4年制私立大学の6割が入学者定員割れとなっています。また、私立大学だけでなく、国公立大学においても定員割れをする大学も出ています。一方で、高校生から選ばれ、定員を充足している大学があるのも事実です。

　大学が高校生から選ばれるための基本は、教育研究をしっかりすることです。派手なキャンパスやおしゃれなカフェをつくっても、教育がしっかりしていないのでは話になりません。いかに教育を充実して学生を育成するか。ここが重要です。しかし、そのためには、教職員が夢と希望を持ち、誇りをもって働くことのできる職場となることも大切です。さらに、形式的ではなく、教員と職員が互いを尊重しながら一丸となって大学運営にあたることも重要です。

　その鍵を握るのが、大学の**デジタル・トランスフォーメーション** (digital transformation: DX) です。DXの定義は「デジタル技術によって人々の生活が豊かになること」ですが、大学のDXでは「学生にとっての教育環境の改善」と「教職員の働き方改革」が焦点となります。

　例えば、手間のかかる定型業務を自動化するソフトを導入

すれば、事務職員は、よりクリエイティブな業務にシフトすることができます。また、稟議の電子決裁や電子契約システムなどの構築により非効率であり、テレワークの妨げとなる押印文化からの脱却を可能とします。

さらに、教職員や学生に対する手続きの簡素化や、ワンストップサービスなどの提供などにより利便性が大きく向上します。

コロナ禍で威力を発揮した学修マネジメントシステムの導入は、教員、学生の双方に多大なメリットがありました。

しかし、問題となるのは、高価で優れたデジタル機器を導入しても、その使い勝手が悪いのでは、誰も使わないという事実です。ユーザーである教職員や学生が「使ってよかった」と感じられるシステム構築が必要です。つまり、DX推進には「人のこころ」そして「人が自ら変わること」も大切なのです。

もちろん、それは簡単でありませんが、本書では、その成功例として追手門学院大学の事例を紹介しています。本書を通して、大学DXにおいて何が重要かを理解し、自分の大学でも、ユーザー目線のDXを推進してみようという読者が増えていただければ、幸甚です。

2025年春　村上　雅人

もくじ

まえがき ・・・・・・・・・・・・・・・4

第1章 DXとは ・・・・・・・・・・・11
- 1.1. DXとはなにか *11*
- 1.2. DXのプロセス *13*
- 1.3. レガシーシステム *16*
- 1.4. RPAの導入と課題 *17*
  - 1.4.1. レガシーシステムの延命 *17*
  - 1.4.2. RPAのメリットと限界 *18*
- 1.5. 働き方改革とDX *20*

第2章 大学におけるDX ・・・・・・・・・・・22
- 2.1. 教育の質保証 *24*
  - 2.1.1. ポートフォリオとは *25*
  - 2.1.2. 学修ポートフォリオ *26*
- 2.2. 学修マネジメントシステム *27*
  - 2.2.1. 大学教育とLMS *27*
  - 2.2.2. 宝の持ち腐れ *28*
  - 2.2.3. コロナ禍 *29*
- 2.3. VRの利用 *30*
  - 2.3.1. 学生実験の課題 *30*
  - 2.3.2. 自分たちで問題解決しよう *31*
- 2.4. MOOCsの登場 *32*
- 2.5. COIL型教育 *33*

もくじ

2.6. デジタル証明 *35*
  2.6.1. 学位証明 *35*
  2.6.2. マイクロクレデンシャル *36*
2.7. 通信制大学 *38*
  2.7.1. インターネットと通信教育 *38*
  2.7.2. ミネルバ大学 *39*
2.8. クラウド *40*
2.9. 人工知能 *43*

第3章　AIのインパクト・・・・・・・・・・・・・・・*44*
3.1. 生成AIの登場 *44*
  3.1.1. ChatGPT *45*
  3.1.2. 大規模言語モデル *45*
  3.1.3. 言語処理能力 *46*
3.2. ブレイクスルー *47*
3.3. シンギュラリティ *48*
3.4. 機械学習 *49*
3.5. 教師あり学習 *52*
3.6. 強化学習 *53*
3.7. ディープ・ラーニング *55*
3.8. AIを使いこなす *57*
  3.8.1. 学生対応 *58*
  3.8.2. 研究分野への応用 *59*
3.9. SWOT分析 *60*
3.10. AIの可能性と限界 *63*
3.11. エネルギー問題 *64*

第 4 章　DX 推進の課題・・・・・・・・・・・66
4.1. デジタルデバイド *66*
4.2. 予算 *68*
4.3. カスタマイズの失敗 *69*
4.4. アジャイル型開発 *69*
4.5. 追手門学院大学の開発事例 *72*

第 5 章　DX を通じた CX の実現・・・・・・・・・74
5.1. CX（カスタマーエクスペリエンス）の実現 *74*
5.2. 追手門学院大学の抱えていた課題 *76*
5.3. CX デザイン局の設置 *79*
5.4. CX トータルシステムの構築 *80*
　5.4.1. 統合 DB *84*
　5.4.2. OIDAI アプリ *86*
　5.4.3. 次世代 LMS *99*
5.5. CX に立脚した教学 IR *106*
　5.5.1. OTEMON－INSIGHT の構築 *107*
　5.5.2. OIDAI ポートフォリオ「マイカルテ」の構築 *111*
　5.5.3. AI アカデミックアドバイザー構想 *115*
5.6. 大学における生成 AI 活用の留意点と可能性 *120*
　5.6.1. 生成 AI 活用における主な課題 *122*
　5.6.2. 大学における AI 活用のための 3 つの視点 *123*
　5.6.3. 大学で生成 AI を活用すべき理由 *125*
5.7. DX 推進における外部リソースの適切な活用 *126*
　5.7.1. 専門性と実践力 *127*

もくじ

 5.7.2. 大学ビジョンに対する理解と共感 *128*
 5.7.3. 大学側の明確な方針の確立 *129*
 5.7.4. 費用対効果の測定 *130*
 5.7.5. 外部パートナーとの信頼関係 *132*

第6章　DXを通じた大学業務改革・・・・・・・・*134*

6.1. ICTとDXの違い *134*
6.2. 追手門学院大学におけるICT整備 *139*
6.3. 追手門学院大学におけるICT整備の成果と課題 *147*
6.4. 2025年 未来の働き方プロジェクト *149*
 6.4.1. 固定概念からの脱却・パラダイムシフト *150*
 6.4.2. 現状認識 *152*
 6.4.3. 価値定義 *155*
 6.4.4. 組織の体質改善 *163*
6.5. DXを推進する組織設計 *164*
 6.5.1. 意識改革から生まれたCXデザイン局 *167*
 6.5.2. 業務改革とシステムの両輪 *168*
 6.5.3. 横串をさしたCX起点での改革・改善 *170*
 6.5.4. 徹底した工数管理：DXの効果測定 *173*
 6.5.5. オペレーションとコンタクトの一元化 *176*
 6.5.6. デジタルフロント *180*
6.6. DXを通じた教職員の働き方の変化 *184*
6.7. 真の働き方改革を目指して *188*
 6.7.1. 「やりがい」を生み出すDX *189*
 6.7.2. DXによるデータ活用が生み出す学びと成長 *190*
 6.7.3. 真の働き方改革とは「やりがい」の改革 *191*

  6.7.4. DXが可視化した「やりがい」の重要性 *192*
 6.8. DXの先にある組織の未来 *193*

第7章　DX推進の鍵・・・・・・・・・・・・・*196*
 7.1. DX推進の目的を明確化 *196*
 7.2. トータルシステムという考え方 *197*
 7.3. アジャイル型開発 *199*
 7.4. DX投資への理解 *200*
 7.5. 世界観の共有 *202*
 7.6. 執行部の理解 *205*
 7.7. 外部リソースの適切な活用 *206*
 7.8. 教職「学」協働 *207*
 7.9. IRの民主化と組織全体での活用 *208*
 7.10. 組織風土や文化を変革する挑戦 *209*

終章　大学の未来とDX・・・・・・・・・・・*211*
 F.1. 教育の質保証 *212*
 F.2. 日本の大学改革 *214*
 F.3. 大学が消える？ *216*
 F.4. オンライン講義 *218*
 F.5. 大学間連携 *220*
 F.6. 最後は人 *221*

「学び続ける大学」への挑戦　真銅正宏・・・・*223*

あとがき・・・・・・・・・・・・・・・・・・*226*

第1章　DXとは

　今後の大学教育を見据えた場合、いかにデジタル技術を活用するかが、大きなカギを握っています。また、教育だけではなく、研究や大学経営においても、デジタル技術の導入は重要です。ただし、コストをかけて導入したシステムであっても、それを有効活用できなければ意味がありません。

　つまり、一握りの専門家だけが使えるものではなく、多くの教職員や学生が喜んで使いたいと思うデジタル技術の導入が重要なのです。

　いま、世の中では**デジタル・トランスフォーメーション** (DX: digital transformation) が注目を集めています。大学においてもDXをうまく活用できるかどうかが、大学経営においても教育研究においても重要となってくるでしょう。

1.1. DXとはなにか

　それでは、そもそもDXとはなんでしょうか。DXは、2004年にスウェーデンのウメオ大学 (Umeå University) のストルターマン (Eric Stolterman) 教授によって提唱され

た概念であり、もともとの定義は「デジタル技術によって、人々の生活がより豊かになること」とされています。単に、生活が便利になるだけでなく、「すべての面でよい方向に向かう」という点が重要とされています。

ところで、デジタル・トランスフォーメーションの英語はdigital transformation ですから、その略語は DT のほうがふさわしいように感じますが、なぜ DX なのでしょうか。

まず、DT では digital technology つまりデジタル技術との混同が生じます。さらに、プログラミング用語では DT は digital term のことであり、用語の定義を表すタグ (tag) として使われています[1]。このため、DT を使うのは避けられたのです。

それでは、なぜ X なのでしょうか。実は、transformation は変革という意味ですが、その接頭語の "trans" には「交差する」という意味があります。そして、X には cross とも発音し「交差する」という意味があるのです。例えば、crossing は交差点という英語ですが、Xing と略記されます。米国の交通標識で動物注意には Xing が使われます。つまり、道路を動物が横切るので注意という意味です。DX の X も同様の用法です。

一方で、このような技術用語は technical term と呼ばれますが、Jargon とも呼ばれています。Jargon は他の専門の人には分から

---

[1] タグはもともとは荷札や付箋という意味ですが、コンピュータで扱うプログラム言語において、情報をどのように表示するかを指定する命令文のことです。HTML タグなどと使います。

第1章　DXとは

ない専門用語の俗語です。そして、最初に提唱した人が勝手に名付けてよいとされています。つまり、早い者勝ちです。さらに、よりインパクトのある用語とする工夫もなされます。iPodに似せて iPS 細胞と命名されたのも Jargon の一種です。デジタル・トランスフォーメーションの略語として DX が採用されたのも、より強いインパクトを狙ったものと思われます。

> **コラム**
>
> 　X を使う用語として、GX や CX もよく登場します。GX は green transformation の略で、化石エネルギー中心の産業・社会構造をクリーンエネルギー中心の社会に変革することを意味します。一方、CX は customer experience の略で「顧客体験」とも訳されますが、企業が提供する商品やサービスなどを利用した際に、顧客が感じる価値やメリットのことを意味します。

1.2. DX のプロセス

　それでは、具体的にデジタル・トランスフォーメーション DX のプロセスを説明したいと思います。一般的には、DX には次に示す3つの段階があると言われています。

①　デジタイゼーション (digitization)

②　デジタライゼーション (digitalization)
③　デジタル化によるイノベーション (innovation)

　3段階で、①と②は日本語では「ラ」が入っているかどうかの違いだけなので混同しがちですが、①のデジタイゼーションとは、アナログデータのデジタル化を意味します。

　簡単な例では、大学などでは、かつて学生の成績を手書き入力していたものを、表計算ソフトで表示するようなものです。これが、デジタル化の第一歩です。

　いまの大学では、多くのデータがデジタル化されています。これが良いのは、データが個人のものではなく、組織として共有化できることです。一方で、データ保護の観点から、セキュリティ対策も必要となります。多くの大学では①のデジタイゼーションは進んでいるということになります。

　問題は、②のデジタライゼーションです。これはデジタル化されたデータや IT (information technology) 技術つまりインターネットなどの情報通信技術を利用して、生産性の向上や事務の効率化などプラスの面につなげる技術革新のことを意味します。

　紙の契約書を電子契約に移行するのは一種のデジタライゼーションです。大学においても、かつては証明書と言えば紙のものが多かったです。卒業証明書は、大学まで取りに行く必要がありましたが、いまでは、IT化が進み、コンビニで発行するサービスもあり便利になりました。さらに、紙の証明書ではなく

第 1 章　DX とは

デジタル証明に移行しようという動きもあります。海外で活躍する卒業生も多い大学では、デジタル証明はとても便利です。

ただし、②のデジタライゼーションができていない企業や大学が圧倒的に多いのが現状です。

そして、③は、そのうえでデジタル化や IT 化によってイノベーション（社会的な付加価値）を創出することです。コロナ禍では、多くの大学がオンライン授業を行いましたが、それだけでは、イノベーションにつながりません。

デジタル技術を利用することで、新しい教育スタイルが創出され、それが、教員と学生双方に画期的な効果をもたらす、これがイノベーションであり、大学の DX です。

ただし、日本において、DX が注目を集めたのは、平成 30 (2018) 年、経済産業省が「DX レポート～IT システム『2025 年の崖』の克服と DX の本格的な展開～」を発表したのがきっかけです。その中で、**レガシーシステム** (legacy system) の刷新の必要性を訴えています。さらに、厳しい国際競争のなかで、日本の企業が生き残るためには、DX の推進が必要としています。

1.3.　レガシーシステム

大学を含めた多くの組織が直面しているのが、システムの老朽化です。導入から長い年月が経過した旧型のシステムをレガシーシステムと呼んでいます。**レガシー** (legacy) には遺産とい

15

う意味がありますが、ここでは「過去の遺物」という意味で使われています。

レガシーシステムは、最新技術に対応できていないなど、セキュリティの問題もあり、運用リスクを伴います。また、システムのブラックボックス化も深刻です。長期間の運用の間に、プログラムの修正や更新が繰り返され、複数の担当者が対応したことから、誰もシステムの全容を把握できていないのです。

一方で、「業務を止められない」といった理由で使い続けられることも多く、大学や企業にとって将来にわたる不安要素となっています。特に、セキュリティの脆弱性は深刻です。大切なデータが盗まれたり、大学のシステムが使えなくなることもあります。海外から**ランサムウェア** (ransomware) の攻撃を受けて、病院の電子カルテなど大切なデータが使えなくなるという事件が起きています。彼ら犯罪者集団は、データを暗号化し、暗号を解除しない限り、データが復元できないようにします。ただし、暗号さえ解ければもとに戻ります。このため、多額の身代金を払って、暗号を解いてもらう被害者も多いのです。

> **コラム** ランサムウェア
>
> ランサム (ransom) とは身代金のことです。まさに、貴重なデータなどを人質として誘拐し、身代金を要求するサイバー攻撃の手口です。アメリカ最大の石油パイプラインを管理するコロニアル・パイプラインがサイバー攻撃を受けて、5 日間操業停

止に追い込まれた際に、犯人に 4 億 8000 万円の身代金を払って復帰に至ったことが、ニュースなどで大きく取り上げられました。日本でも、脆弱な病院のシステムが攻撃をうけて、患者のデータが暗号化され身代金が要求されるという事件が頻発しています。

ところで、経済産業省の警告にもかかわらず、企業や大学のレガシーシステム問題はなかなか解決しません。改修に巨額の費用がかかることと、日本の組織のトップにはデジタル弱者が多く、問題がなにかを把握できていないことも背景にあります。

ソフトウェアは、建物のように目に見えないため価値が分かりづらいのです。このため、そこに予算をかけようとはなかなか思わないのです。

1.4. RPA の導入と課題
1.4.1. レガシーシステムの延命

レガシーシステムの刷新を遅らせる理由のひとつに RPA (robotic process automation) の導入が挙げられることがあります。もともと RPA は DX の重要な手法と言われており、多くの企業が導入しています。なぜ RPA がシステム刷新の妨げになるのでしょうか。

まず、RPA の R はロボット (robot) のことですが、一般の方

がイメージする動く機械型ロボットではなく、人に替わって事務作業をこなす事務用ロボットつまりソフトウェアのことです。データ収集や入力など、人が行う定型作業をRPAが代替してくれます。人間は、長時間作業では集中力が低下し、ミスも多くなりがちですが、RPAにはそれがありません。そのため、業務の効率化が進みます。

一方で、システムが古くとも、RPAを導入すると、作業が自動化されるため、システムを刷新しなくとも業務をこなせると勘違いをしてしまうのです。

システム刷新には多額のコストがかかります。このため、RPAを開発している**ベンダー** (vendor) の中には、レガシーシステムの刷新をしなくともDXが可能といううたい文句で売り込みをするところも多いです。経営者はRPA導入で済むならば、コスト節約にもなるので、それでよいと判断してしまうのです。

ただし、システムが有するセキュリティに対する脆弱性や、システム全体が有するブラックボックス問題がRPAの導入によって改善されるわけではありません。対処療法に過ぎないのです。よって、可能であれば、レガシーシステムを刷新したうえで、RPAを導入することが望ましいのです。

1.4.2. RPAのメリットと限界

もちろん、RPAをうまく導入すれば、業務の効率化やコスト

第1章 DXとは

削減など大きなメリットをもたらすのも事実です。また、働き方改革にもつながります。RPAが威力を発揮するのは、伝票処理などの決まった作業や、データ収集、集計、グラフ作成、あるいはデータの転記作業などです。このような作業を積極的にRPAに任せることで、人は単純作業ではなく、よりクリエイティブな仕事にシフトできるからです。また、人間とちがって機械のRPAは24時間作業ができます。

一方で、RPAは万能事務ロボットではありません。ルールが一定の作業には適していますが、ルールが条件によって変わる事案には対応ができないことが多いのです。

例えば、消費税には8%と10%の違いがあります。スーパーなどで、肉野菜などを購入する際には軽減税率8%が適用されます。この適用範囲が明確な場合はよいのですが、あいまいな場合に、事務ロボットが判断できない事案が生じます[2]。

例えば、スーパーで販売される酒類は軽減税率の対象とはなりません。基準はアルコール1%です。このため、いまはやりのノンアルコール飲料などは軽減税率の対象となりますが、その違いを人間が入力しないと、事務ロボットは判断できません。

したがって、RPAを導入する際には、メリットとデメリットを含めた特徴を理解する必要があります。さらに、RPAを導入

---

[2] 法律解釈にもあいまいさが伴います。裁判所の判決が判事に左右されるのは、周知の事実です。税計算なども同様であり、基準が不明確で、人によって判断が異なる事案はRPAには不向きです。

しても、それを利用するために、余計な作業が増えることも想定されます。RPA の導入には、コストがかかりますので、その費用対効果を考えた適用が必要となります。

ところで、デジタル技術の進展によって RPA の効能にも変化が生じます。例えば、RPA は手書き資料の対応には不得手とされてきました。しかし、AI を搭載した文字認識技術つまり OCR (optical character recognition) の飛躍的な性能向上により、文字だけでなく、表や図が入った文書までを正確に読み取れるようになっています。さらに、読み込んだ文書の書式を必要なかたちに整えることも可能となっています。

大学の旧い倉庫に眠っている手書き文書のデジタル化も可能となるのです。もちろん、日本の古文書や、ヒエログリフなどの古代エジプト文字にも対応可能となっています。これも、DX の効用です。

1.5. 働き方改革と DX

働き方改革とは 2018 年に可決された「働き方改革関連法案」に基づく国策のことを言います。具体的には、「長時間労働の是正」「正規・非正規の格差解消」「多様な働き方の実現」の 3 本柱があります。企業や大学においても、その実現が求められていますが、皮肉なことに、政府機関の改革がもっとも遅れているというのが実情です。

第 1 章　DX とは

　前にも紹介したように、DX の定義は「デジタル技術によって、人々の生活がより豊かになること」です。当然、DX 推進が働き方改革に大きなプラスの効果を及ぼすことが考えられます。

　前節で紹介した RPA の導入などは、その典型例です。また、2020 年のコロナ感染症の世界的な大流行によって、多くの企業や大学が、テレワークを実施しました。また、講義がオンライン化されました。

　また、日本では稟議や契約書における「押印文化」からなかなか脱却できませんでした。行政文書や、大学、企業の稟議書には大量のはんこが押されています。しかし、コロナ禍で、いっきに電子契約システムの導入が進んだと言われています。

　ただし、働き方改革を進めるためには、デジタル技術、IT 技術の導入だけでなく、社会のルールの最適化も必要となります。そのためには、レガシーシステムの刷新だけではなく、人の考え方や古い社会の慣習を刷新する必要があります。むしろ、これら改革こそが重要と言えます。

第 2 章　大学における DX

　大学における DX には、主として、**教育 DX**、**研究 DX**、**経営 DX** の 3 分野があります。

　教育 DX では、教育へのデジタル技術の導入による学びの質の向上やオンラインによる大学間連携や海外交流の推進などが対象となります。

　研究 DX では、教員が研究そのものに DX を導入することが挙げられます。AI の活用などは、その好例です。また、研究成果を安価に誰でもが共有できる**オープンサイエンス** (open science) なども世界的なトレンドとなりつつあります。

　大学経営 DX では、RPA などのデジタル技術導入によって事務処理を自動化することで、事務職員の高付加価値業務へのシフトや働き方改革の推進などが挙げられます。また、経営方針の決定に IR 情報などの豊富なデータを分析し、それを積極的に活用することも考えられます。

　実は、海外の大学では、大学におけるデジタル変革すなわち DX が 2010 年ごろから大きく進んできました。特に、**エドテック** (Edtech) による教育改革は、旧来の教育システムを大きく変

第 2 章　大学における DX

革するものとして期待されており、マサチューセッツ工科大学 (Massachusetts Institute of Technology: MIT) やスタンフォード大などの有力大学が積極的に導入を進めています。大学の授業を世界に公開する OCW (open course ware) や、インターネット上で誰もが無料で大学の講義を受けることのプラットフォームである MOOCs (massive open online courses) なども DX の象徴となっています。

　残念ながら、日本においては保守的な教員が多いため、小中高大いずれにおいても、教育現場でデジタル技術がうまく活用されていないのが現状です。ベテランの先生たちには、教育のプロという自負もありますから、従来の板書や口頭の講義でうまく行っているのに、わざわざ手法を変える必要がないという考えもあるのでしょう。

　日本でも、政府主導による GIGA スクール構想などで、デジタル技術の導入が進められていますが、教員がデジタル機器をうまく使いこなせないために、現場に混乱も生じていると聞きます。教員にとっては、本来の教科指導に加えて、あらたにデジタル技術を習得する必要があるため、余分な負担が発生してしまうのです。

コラム

　エドテック (Edtech) とは教育の Education と技術の technology をかけあわせた造語です。2000 年代にアメリカで生

まれ、従来の教育システムに大きな変革をもたらしています。通常の授業だけでなく、学習塾や企業が提供するオンライン学習プラットフォームでも広く活用されています。

AIやビッグデータなどの科学技術を使い教育を支援するサービスを指すこともあります。

日本の大学では、いま、教育改革の必要性が叫ばれています。そして、「教育の質保証」や「学修者本位の教育」、さらに「教学マネジメント」などがキーワードとなっています。

教育DXは、まさに学びの質向上を含めた教育改革に資するものでなくてはなりません。ただし、教職員と学生が納得感をもってデジタル技術を享受するという環境づくりも重要となります。

2.1. 教育の質保証

教育には国境がありません。このため、教育には常にグローバルな視点が必要となります。世界の大学の大きな潮流として、**高等教育の質保証** (quality assurance of higher education) が挙げられます。

それは、簡単に言うと、From "what is taught" to "what is learned"、すなわち「大学が学生に何を教えたか」ではなく「学生が大学で何を学んだか」を重視する教育への転換です。教育の質保証

のためには、「学生が何を学んだか」すなわち**学修成果** (learning outcomes) を可視化することが重要となります。

それでは、学修成果はどのように把握すればよいでしょうか。中間試験や期末試験の結果や成績が、そのひとつですが、これでは不十分です。

2.1.1. ポートフォリオとは

そこで、最近、よく利用されるのは、学生の学修過程を記録した**ポートフォリオ** (portfolio) の導入です。ポートフォリオとは、もともとは、書類入れやファイルを意味します。

実は、すでに多くの大学などで導入が進み利用されています。ただし、学生や生徒が自分自身で学修成果をまとめて整理し、入力することが基本でした。大学などでも、就職活動向けに活用されることもあります。

しかし、ポートフォリオの記入が強制ではなく、学生の自主性に委ねられていたので、利用率は決して高くはありませんでした。いろいろな大学でヒアリングすると、概ね、利用率は20-30%と半分以下となっていました。さらに、ポートフォリオを利用している学生は、学修態度や就職に関しても、大学としてケアする心配のない学生と言われています。つまり、ポートフォリオを使ってほしい学生が、それを使わないという状況となっていたのです。

2.1.2. 学修ポートフォリオ

ここで、登場するのが学修ポートフォリオあるいは**電子ポートフォリオ** (e-portfolio) です。これは、学生の学修過程を電子ファイルとして記録するものです。

例えば、学生が基本的に知りたい情報として

① 学修目標
② 出席状況
③ 単位取得状況
④ 成績順位の推移
⑤ TOEIC 点数などの外部試験結果

などがあります。ここで、大事なポイントは、学生が自ら入力しなくとも、大学のデータベースを通して、多くの有用情報が自動的に記録されていくということです。

しかも、ワンストップでデータを参照できることも大切です。データ探しで時間をとられていたら、誰も利用しなくなります。

この他の項目として、大学として学生に参照してほしいデータがあれば、適宜、アクセスできるようにします。さらに、「詳細」ボタンを押すと、より詳しい内容が表示される構造とすることで、学生にとって利用しやすいシステムとしています。また、SNS (social networking services)[3] など多様なツールでアクセ

---

[3] 海外では SNS という用語は使われず、Social Media と呼ばれます。

スを可能にすることで、学生が自ら情報を入力できることも大事です。例えば、いままでなかなか把握の難しかった学生自身の学修時間の記録をしてもらうことも可能になります[4]。

2.2. 学修マネジメントシステム

電子ポートフォリオを有効利用するために重要なシステムに、**学修マネジメントシステム** (learning management system: LMS) があります。もともとLMSは**遠隔授業** (distant learning) あるいはe-learning のためのコントロールタワーでした。講師による学習教材の保管・蓄積、受講者への資料の適切な配信、受講者の学修履歴や小テスト・ドリル・試験問題の成績などのデータを記録し、総合的に管理するものです。企業の研修にも利用されてきました。

2.2.1. 大学教育とLMS

少し考えれば、LMSは、大学の講義においても有効利用できることは明らかでしょう。しかも、多くの学生の学修過程の自動記録や、LMSへのログ情報などのデータ解析が

---

[4] 大学にとって、学生の授業外学修時間の把握は、教育の質保証という観点からも重要であり、そのデータ収集は大きな課題でしたが、それが可能になります。

可能であるため、教育効果の検証を含めたいろいろな分析に使えます[5]。さらに、個々の学生の電子ポートフォリオに必要なデータを落とし込むことができるようになります。これは、とても便利です。

LMS は、学修管理のコントロールシステムとして、ぜひ教員に使ってほしい優れものです。一方、教員が使わなければ、意味がありません。

実は、その利便性に気づいた教員は、授業で LMS を積極的に使い出します。その授業を受けている学生も当然使いますので、学生の利用率は 100%となります。

2.2.2. 宝の持ち腐れ

一方、大学全体でみると、教員の使用率は 20% 程度しかないところが多かったようです。もともと教員にはデジタル弱者が多いのです。さらに、口頭での伝達や印刷資料の配付で支障がないのに、わざわざ LMS を使う意味がないという考えもあります（学問は手書きが基本という考えの教員も多いです。この主張も分かります）。

実は、この問題は、大学だけでなく、世の中におけるデジタル化の課題です。「面倒くさい。自分には関係ない」と

---

[5] ラーニングアナリティクス (learning analytics) と呼ばれています。LMS のデータを解析して、教育改善につなげることが狙いです。

言って、最初から拒否反応を示す人が多いのです。つまり、DX の第二段階であるデジタライゼーションに進めないパターンです。学生からは、こんな便利なシステムを、なぜ教員は使わないだろうと疑問の声が寄せられていました[6]。

2.2.3. コロナ禍

　前章でも紹介しましたが、2020 年のコロナ感染症の世界的な流行によって、大学においては、対面に替わってオンライン授業を実施せざるを得ない環境となりました。そして、LMS を導入している大学にとっては、それを使うことが必須の状況になったのです。すると、実際に使ってみれば、大変便利なツールであることを多くの教員が実感します。その結果、教員の使用率が 100% 近くになった大学が多いと聞きます。便利なデジタル機器がシステムとして導入されていても、使われなければ意味がないのです。

　さらに、問題は、デジタル弱者が理事会に居ると、便利なシステムを導入しても、「使用率が低い。だったら予算削減すべき」という声が出るようになることです。これは、大学だけでなく、社会の DX 推進にとって大きな課題となるでしょう。大学も含

---

[6] 学生の声です。「教員は、いろいろなことにチャレンジしろとか、この程度のこともできないのかと学生に言うが、自分では LMS のような簡単なデジタル利用もできないし、挑戦しようという意欲もない。」

めて、企業などの組織経営を担う人材には、デジタル分野に明るいことが今後は求められます。

2.3. VR の利用

大学教育の DX において、重要な位置を占めるのが**仮想現実** (VR: virtual reality) の利用です。ここで、あるベンチャーの話を紹介します。

2.3.1. 学生実験の課題

海外の大学でも、理工系の学生は学生実験やフィールド演習などを通して、いろいろなことを学びます。しかし、多くの場合、大人数を対象としたクラス編成となります。

例えば、100 名を超えるクラスで、実習をするとなると、まず必要な設備を用意しなければなりません。

しかし、人数分をそろえるとコストもかかりますし、指導する側の人手も必要となります。このため、数を限定して、交代で実習を受けることになります。また、消耗品以外は、何度も使いまわしするため、時間とともに機器の性能も悪くなります。学生が不満を持つ授業のひとつです。

あるふたりの学生が実験の順番が来るのを待ちながら、あまりの効率の悪さに不満を漏らしていました。無為な拘束時間も

第 2 章　大学における DX

バカになりません。

2.3.2. 自分たちで問題解決しよう

　ここで、ふたりが目を付けたのが VR でした。例えば、パイロットの養成訓練にはシミュレータが利用されています。ならば、実験の基礎技術を VR を使って学べないかと思いついたのです。VR であれば、危険な実験も安全に実施できますし、大学には高価で手の出せない設備もサイバー空間ならば用意できます。

　そして、ふたりの構想は身を結びます。VR を利用した実習は、多くの大学にとってコストを抑えたうえで、教育効果を大きく高められる画期的な手法となるからです。ふたりが Labster というベンチャーを設立したのは 2012 年のことです。

　その後、ヨーロッパの先進大学をはじめ、MIT などのアメリカの著名な大学も VR による実験実習を導入しています。

　ある学生からは、「難しかったピペット操作がうまくできるようになった」と感謝されたようです。VR であれば、自分のペースで、時間も自由に選べます。また、分子レベルの実験や、月の裏側への体験飛行など、リアルな世界ではできない多くの魅惑的な実習が可能になります。

　この実験実習への VR 導入は、教育 DX の digitalization だけでなく、まさに、その次のステップであるイノベーション創出

となっています。実は、VRを利用した仮想実験は、仮想空間の専門家を擁する大学では、自前のシステム開発を進める動きが活発化しています。研究者にとって、よい研究テーマとなるからです。

2.4. MOOCsの登場

2003年にアメリカのMITが、大学で開講される講義の内容や資料をそのまま無料でインターネットに公開すると発表し、世界に衝撃を与えました。オープンコースウェア (open course ware: OCW) と呼ばれる活動です。世界一流の講義が無料で公開されるのですから、世界中の大学が衝撃を受けました。

ただし、日本では、それほど注目されませんでした。それは、日本の大学では、「日本人学生を相手に、日本人の教員が、日本語で講義する」のが当たり前であり、英語の講義が公開されたからと言って、学生が奪われる心配などなかったからです。

OCWは、あっという間に世界に広がりました。日本でも自大学の講義をインターネット上に公開する動きもありました。一方で、OCWは大学の講義を公開するだけでしたが、それをさらに整備して、インターネット上で講義だけでなく、課題なども提出し、修了者には証明書を発行するなどして、オンラインで講義を受け、単位も取得できるプラットフォームであるMOOCs (massive online open courses) へと進化したのです。OCWの先駆

者であった MIT も 2012 年には、ハーバード大学などと協働で**エデックス (edX)** という MOOCs を立ち上げました。いまでは、アメリカ、ヨーロッパ、インドなどで数多くの MOOCs が開設されています。2022 年 8 月時点の統計では、利用者は世界全体で 1 億 8000 万人に達しています。日本においても 2013 年に日本語のプラットフォームである JMOOC が開設されています。

これは、まさに大学教育の DX です。モンゴルの 15 歳の少年が edX で学習して、MIT の 2 年生向け講座「電子回路」で満点をとり、その後、MIT に推薦入学したことは大きな話題となりました。彼は、インターネットにより英語を独学で勉強していました。このように、デジタル技術は語学を独学で勉強することにも有効です。また、MOOCs によりインターネット環境があれば、世界一流の講義が、辺境の地でも受けられ、しかも、大学入学のチャンスがあるということは、教育のまさにイノベーションとなり、DX の成功例です。

2.5. COIL 型教育

2000 年に**ニューヨーク州立大学** (State University of New York: SUNY) バッファロー校で始まったのが、オンラインを利用した双方向の国際交流プログラムである COIL (collaborative online international learning) 型教育です。2 ヵ国以上の間で教育と学修の両方を実現する革新的な教育手法であり、まさに教育 DX の

一形態です。

両国の大学間で開講科目の共同シラバスを開発するなどのプロセスを通して、教員と職員が協力したり、異なる国の学生が共通課題に取り組むためのチームを形成して課題解決にあたるアクティブラーニングの一種である**プロジェクト型学習** (project based learning: PBL) も実施されています。

COIL 型教育では実渡航する必要がないため、交通費や移動時間を気にせずに国際交流を進めることが可能です。また、対面でのグローバル PBL 学修のための準備をオンラインで行うことも可能となり、より長期の、しかも質保証をともなった国際交流へとつながります。このように、COIL 型教育は画期的な国際交流プログラムですが、コロナ禍までは、学生同士が対面で交流することが重要という観点から、日本ではあまり普及していませんでした。

しかし、コロナ禍に直面し、世界的に渡航制限が課される中でも、国際交流を途絶えさせてはいけないということから、日本でも多くの大学が COIL 型教育を実施しました。

また、文部科学省の世界展開力強化事業において、国際的な大学間交流における COIL 型教育の導入を推奨しています。

第2章　大学における DX

2.6. デジタル証明
2.6.1. 学位証明

　日本では、学士や修士などの学位証明には紙の証明書が用いられるのが主流です。このため、遠隔地からの請求に対しては、紙の学位証明書や成績証明書を郵送で送るのが通例となっています。

　しかし、海外からの留学生からは苦情が多いと聞きます。時間がかかるうえ、地域によっては郵便事情が悪いところもあるからです。このため、日本と異なり、世界の多くの大学では、PDFにデジタル署名を付与するデジタル証明が一般的となっています。ただし、問題はどこまで偽造を防ぐことができるかにあります。

　そこで、学位等を電子的に証明する**デジタル証明** (digital credential) の導入が世界的に進められています。そのひとつが**デジタルバッジ** (digital badge) であり、オンライン上で発行され、学位などの資格を共有・公開することが可能となっています。国際標準規格に準拠したデジタル証明は**オープンバッジ** (open badge) と呼ばれており、**ブロックチェーン** (block chain) **技術**を利用して、改ざんを防ぐ工夫もなされています。このように、セキュリティの高いデジタル証明が国際基準としての認証が進めば、オンライン上で証明書として、世界中どこにいても使用可能となるため、その利便性は高まるでしょう。

> **コラム**
>
> **ブロックチェーン**とは、データを**ブロック** (block) と呼ばれる形式にまとめ、時系列に**チェーン** (chain) つまり鎖のようにつなげて保存する技術です。ブロックにはチェーンにつながった数値が割り当てられるため、どこかのブロックに改ざんがあれば、数値の整合性がくずれるため、すぐに発見可能となります。データを複数のシステムに分散して管理することから「**分散台帳技術**」とも呼ばれています。

2.6.2. マイクロクレデンシャル

学士、修士などの学位は、経済学や工学系では電気工学や情報工学などのマクロな学問分野で要求される要件を修了した者に与えられます。

しかし、情報工学の学士を有するものが、どのような技術を取得したかは必ずしも明確ではありません。実際に、企業の採用担当者が、情報工学の修士を採用したが Python でプログラムをつくることができなかったと言われたことがあります。

そこで、学修した内容をより具体化して、「Python で重回帰分析のプログラムを作成することができる」などのように、何ができるかを明示した履修証明が重要となっています。今後、日本においてもジョブ型雇用が増えると言われており、その需要は高まるでしょう。採用する側にとっては、候補者が具体的に

第2章 大学における DX

何ができるのかを知りたいからです。

　学士や修士の学位証明のようにマクロな学問分野の履修証明を**マクロクレデンシャル** (macro-credential) と呼ぶのに対し、より細分化され具体的な習得技術を明示したものを**マイクロクレデンシャル** (micro-credential) と呼んでいます。

　日本でも民間機関がいろいろな検定を行っており、就職活動においては、応募者が履歴書に、どのような検定に合格しているかを記載しています。例えば、英語検定1級やTOEIC 900点などの資格があれば、採用側も安心して採用することができます。これらがマイクロクレデンシャルとなります。

　課題は、資格にどれだけの信頼性があるかです。さらに、日本では証明書が紙で発行されるため、とても不便です。そこで、オンライン上で信頼性の高いデジタル証明としてマイクロクレデンシャルが発行できれば、効用は計り知れません。さらに、この証明が国際基準に準拠すれば、世界中どこでも通用することになります。

　また、マイクロクレデンシャルを複数取得することで、マクロクレデンシャルつまり大学の学位を取得することも可能となります。いま、国境をまたいで、複数の大学で学修することも行われていますが、マイクロクレデンシャルが国際的に整備されれば、大学の学士や修士の学位を複数の国ならびに大学で履修することで取得が可能となります。また、資格には期限がないため、学位取得への自由度が大きく高まることになります。

将来的には、どこの大学を卒業したかという学歴ではなく、「何を学んだか」「何をできるようになったか」という学習歴が問われる時代になるとも言われています。まさに、究極の大学 DX となります。

2.7. 通信制大学

大学に通わずに、通信によって学位が取得できる**大学通信教育** (distance learning) は 1947 年の**学校教育法**で制度化されており、1950 年に正規の大学教育課程として認可されています。法政大学や慶應義塾大学などを嚆矢として、現在、日本には、通信教育課程を有する大学は 40 以上に上ります。

2.7.1. インターネットと通信教育

2000 年代のインターネットの普及、さらにブロードバンド利用により動画配信や双方向通信が可能となり、通信教育の利便性と教育効果が大きく改善しました。まさに、教育 DX と言えるでしょう。今後も、最新の ICT 技術を活用したオンライン大学の新設が増えるものと予想されます。

通信制大学以外でもオンライン教育を導入する大学も増えており、その境界が小さくなっています。もともと、大学設置基準では学位取得に必要な 124 単位のうち 60 単位までオンライ

ン授業が認められていました。コロナ禍では、これが緩和され、すべての単位がオンライン授業で取得可能となりました。

コロナ後は、もとに戻りましたが、2022年の**大学設置基準**の改正により、教育の質保証を要件として、上限60単位の制限を緩和することになりました。

ところで、通信制大学では実習や実験などが必須とされる学問分野の学位取得は難しいとされてきました。実際に、電気や化学など実験を必須とする工学部の通信教育は難しいと考えられています。一方、情報などの分野は通信教育でも学位取得が可能とも言われています。

しかし、先ほど紹介したVRなどの導入によって、今後、オンラインでの実験も可能となります。このように、デジタル技術の進展は、大学教育を含めた大学の在り方そのものに大きな影響を与える可能性があるのです。

2.7.2. ミネルバ大学

通信制大学とは異なりますが、キャンパスを持たずに、オンラインを利用して質の高い教育を提供する新しいタイプの大学として**ミネルバ大学** (Minerva university) が注目を集めています。20人程度の少人数教育を基本とし、4年間で世界の7都市を移動し、学生には現地での社会貢献活動が求められ、異文化体験も可能となります。

アメリカの有名大学であるハーバード大学やスタンフォード大学は、良質な教育でも定評がありますが、学費が高いことでも有名です。ハーバードの学費は年約53000ドルで、日本円では約800万円です。これでは、裕福な家庭の生徒でないと入学できません。

この高い学費の一因は、巨大なキャンパスと、瀟洒な建造物にあります。ミネルバ大学では、安い学費でもハーバードのような良質な教育を提供したいという考えからミネルバ方式を提案したのです。

今では、20000人以上の志願者があり、合格率は1.2%という難関となっています。2025年からは、東京が8つ目の拠点として加わります。日本では、ミネルバ大学の方式をそのまま導入することは、大学設置基準などを考えると、現時点では難しいかもしれません。ミネルバ大学も、設置申請にあたっては、本拠地がアメリカにある大学と連携せざるを得ませんでした。

ただし、デジタル技術によって、新しい教育のかたちが生まれうる典型例とも考えられます。まさに、教育DXではないでしょうか。

2.8. クラウド

DX推進にあたって、これから大きな鍵を握っているのがクラウドです。英語では "cloud" であり「雲」という意味です。

第2章　大学におけるDX

インターネットを介して、データやソフトウェアを提供してくれるシステムのことです。クラウドコンピューティングとも呼ばれます。

クラウドに対し、データやソフトなどを収納するサーバー・ネットワークを自前で管理することを**オンプレミス** (on premises) と呼んでいます。"premises" は、"premise" の複数形で「敷地ならびに敷地内の建物」という意味です。"on the premises" では、「自分の敷地内で」となります。この場合、サイバー攻撃は自分で防御する必要がありますが、その脆弱性を攻撃されて被害を受けるという事例が増えています。

PC (personal computer) で作業するためには、必要なソフトウェアをインストールしなければなりません。例えば、Word という文書作成ソフトを自分の PC にダウンロードして、初めて使うことができます。

一方、クラウドでは、自分の PC に Word がインストールされていなくとも、インターネットにつなげれば、すぐに作業ができて、作成した文書データも保存してくれます。

極端なことを言えば、インターネット環境さえあれば、自宅には何もいらないということになります。

また、企業や大学などの大きな組織としては、新しいソフトの導入があっても、クラウド側が全部やってくれますので、とても便利なのです。このため大学においても、かつてはオンプレミスが主流でしたが、クラウドサービスを利用する大学が増

えています。

　さらに、クラウドでは、専門のベンダーが管理していますので、セキュリティに関しても最新の技術が常に更新され適用されます。例えば、WAF (web application firewall) というファイアウォールがあって、ユーザーが自前でセキュリティ対策を講じるよりも安心となっています。

　WAFとは、Webアプリケーションを守ってくれるセキュリティシステムです。例えば、ネットショッピングなどで、クレジットカードを使うサイトで使われています。具体的には、アプリケーションに実装するのではなく、その前のアクセス時や、ネットワークに配置して、全体を守るというシステムです。

　PCのアプリケーションに脆弱性が見つかると、更新プログラムが送られてきますが、そうではなくて、ネットワークでセキュリティを強化しているのです。

　アプリケーションの脆弱性は、個人では分かりませんし、攻撃されても気づかないことが多いです。WAFは、ネットワークへの不正侵入を見つけて遮断するというものです。例えば、自前でセキュリティ対策ソフトを毎日更新するのはやっかいですが、クラウドではWAFの管理者がそれをしてくれるのです。

　将来、大学連合のクラウドを構築することも有効でしょう。セキュリティ対策も可能です。国立大学協会が共同でクラウドを構築することも可能です。いまは、LMSも大学によってシステムが異なりますが、それを共通化すれば、コストを抑えたう

えで、教育の質向上にも資するはずです。

さらに、地方の私立大学は衰退の危機にありますが、複数の大学が連携してクラウド上でシステムを共通化することは重要となるはずです。

2.9. 人工知能

人工知能 (artificial intelligence: AI) が大学 DX に及ぼす影響も非常に大きいです。特に、研究分野でのインパクトは大きく、AI の高度化に寄与した「**人工ニューラルネットワーク** (neural network) による機械学習を可能にした基礎的発見と発明に対する業績」に対して 2024 年のノーベル物理学賞を受賞したことも大きな注目を集めました。

いまでは、研究者が簡単に AI を利用できる状況にあります。これを **AI の民主化** (AI democratization) と呼んでいます。AI が DX に及ぼす影響については、改めて、次章で紹介します。

第3章　AIのインパクト

3.1.　生成AIの登場

　大学のみならず、DX 推進に大きな影響を与えるのが**人工知能** (artificial intelligence: AI) です。特に、2023 年には、Open AI が開発した生成 AI である ChatGPT の登場が世界中の注目を集めました。**プロンプト** (prompt) と呼ばれる指示や質問をすると、まるで人間のような自然な言語で答えてくれるのです。しかも、明確な答えのない質問にも、新しいアイデアや選択肢が返ってくるので、世界中の人が驚きました。

　例えば、「宮沢賢治の銀河鉄道の夜の感想文を 1500 字で書いてください」と指示を出すと見事な文章が返ってきます。また、英文和訳や和文英訳なども完璧にこなしますし、数学の問題にも解答を出します。このため、学校の教育現場での使用を制限する動きもありました。

第 3 章　AI のインパクト

3.1.1.　ChatGPT

ChatGPT の chat はリアルタイムコミュニケーションのことですが、もともとは「おしゃべり」という意味であり、日本語でもチャットが使われます。

GPT は "generative pre-trained transformer" の略です。"generative" を「生成」と訳して、生成 AI とも呼ばれています。つぎの "pre-trained" は、事前に訓練されたという意味であり、ChatGPT でも AI がプロンプトに対して回答する準備として、大量のデータを使った事前学習が行われています。

GPT の T に対応した transformer は 2017 年に Google が開発したコンピュータの学習モデルのことを指します。膨大な言語データをベクトルや数値に変換して単語の関連性を予測し文脈を学習することができる機能です。**自然言語処理** (natural language processing: NLP) の革命と呼ばれていて ChatGPT の回答が、自然な言語になっている要因と言われています。

3.1.2.　**大規模言語モデル**

一方、LLM という用語もよく聞きます。これは "large language model" の略で、日本語では「大規模言語モデル」と呼ばれています。生成 AI は、文書や画像や音声などを生成できる AI 技術の総称のことですが、LLM は生成 AI の一種であり、自然言語

処理を行うモデルのことです。

つまり、ChatGPTはLLMの一種なのです。この他にも、GoogleのPaLMなど、LLMには数多くの種類があります。MetaのLlamaやDatabricksのDollyなど、だれでも使えるモデルも**オープンソース** (open source) として提供されており、世界中で利用されています。このため、生成AI開発は、世界中で競争が激化しているのです。日本でも、政府主導で日本語に特化したLLM-jpを構築しようというプロジェクトが始まっています。

3.1.3. 言語処理能力

実は、ChatGPTが注目されたのは、AIでは到達困難とされていた言語処理能力を身につけたからです。もともと言語の解釈は難しいのです。例えば、little girl's schoolという英語では、少女が小さいのか、学校が小さいのか分かりません。人間は、前後の文脈から意味を読み取りますが、あいまいさも残ります。

"Time flies like an arrow." は、ことわざの「光陰矢のごとし」の英語版ですが、6通り以上の解釈が可能と言われています。例えば、Time flies を time というハエの一種とすると、「タイム種のハエは、矢が好きである」と解釈できます。このように、日本語にも英語にも、多くのあいまいさがあるのです。いろいろな解釈が可能な文章を理解するためには、前後の文章を理解したうえで、もっともふさわしい解釈を考える必要があるので

第 3 章　AI のインパクト

す。

　それが、transformer の登場によって、前後の文脈を読み取る AI 技術が向上し、解釈の精度が飛躍的によくなったのです。

3.2.　ブレイクスルー

　有名なイーロン・マスク (Elon Musk) は、2018 年に設立された Open AI の出資者のひとりでした。しかし、なかなかよい成果がでないので、しびれを切らして出資を取りやめました。その後、Open AI は Microsoft の支援を受けて開発を続け、2022 年 11 月に ChatGPT をリリースしたのです。そして、そのわずか 2 か月後には 1 億ユーザーを超えるという快挙を成し遂げました。

　イーロン・マスクは Open AI を訴えています。それでは、何がブレイクスルーだったのでしょうか。

　LLM では大量のテキストデータを事前学習します。データの入力量を増やせば、性能も向上すると考えられるのですが、なぜか、それまでの AI では、逆に性能が落ちるという問題を抱えていました。ChatGPT では、この問題を解決し、そのうえで、データ量を増やしたら、突然 AI が自然な言語で回答するようになったと言われています[7]。ただし、その理由は人間には理解不能とも言われています。

---

[7] ただし、ハルシネーション (hallucination) の問題が完全に解決されたわけではありません。

つまり、イーロン・マスクにも、多くの開発者にも理解できない変化が起こったということです。それが、政治家を含めた多くの人が AI に対して、何か得体の知れない恐ろしさを覚えた理由のひとつです。

3.3. シンギュラリティ

米国の未来学者の**レイ・カーツワイル** (Ray Kurzweil) が 2005 年に出版した "The singularity is near"（日本語訳出版では『ポストヒューマン誕生』）という本で、**シンギュラリティ** (singularity) という言葉を使っています。

日本語では「特異点」という意味です。2045 年に AI が人類の知能を超える年のことを言っています。「技術特異点」とも訳されます[8]。

このまま進歩すると、やがて AI は人間の能力を超えるという予測ですが、生成 AI の登場で、シンギュラリティは 2025 年に早まるという話もあるのです。

それを心配して、AI が人類の脅威になるという考えを持っている人も多いのです。ただし、シンギュラリティを提唱しているカーツワイル自身は、AI の良い面を強調し、われわれの生活は豊かになると言っています。

---

[8] 英語の "singularity" の日本語訳は「特異点」です。技術的特異点に関しては、"technological singularity" をあてることもあります。

第 3 章　AI のインパクト

　AI 脅威論がクローズアップされたのは、2013 年に、オックスフォード大学の**フライ** (Carl B. Frey) と**オズボーン** (Michael Osborne) によって発表された「**雇用の未来**」"The future of employment" という論文による影響が大きいです。

　彼らは「10〜20 年以内に労働人口の 47% が機械つまり AI に代替されるリスクがある」という予想を発表しました。労働者の半数が失業するという発表は、世界中に衝撃を与えました。

　日本の雑誌も次々と関連記事を載せ、どんな職種が AI に奪われるかという特集も組まれました。

3.4. 機械学習

　AI がチェスや将棋のプロに勝ったことも注目を集めましたが、世の中が驚いたのは、2016 年に、Google が開発した AI 搭載型コンピュータソフトの「**アルファ碁**」"AlphaGo" が、囲碁の世界チャンピオンに勝ったことです。

　チェスや将棋のプロが AI に負けたのですから、囲碁に関しても時間の問題と思われていましたが、実は、囲碁の指し手の数は膨大で、2015 年時点では、AI がプロに勝つのには 10 年かかると言われていたのです。それが 1 年で達成できたのです。何があったのでしょうか。

　それは、AI に**機械学習** (machine learning) という技術が応用されたことです。それまでは、ソフト開発者が作成したプログ

ラムに従ってコンピュータが碁石を動かしていました。この場合、その棋風はプログラムに依存します。つまり、プログラマーの技量がAIの強さに影響を与えることになります。

コンピュータを動かすのはプログラムですから、当たり前と思われますが、機械学習はそうではありません。AIが囲碁のパターンを自ら学習する機能を獲得したのです。これによって、人間がプログラムを組まなくとも、AIが学習してくれるようになり、その結果、1年でプロに勝てるようになったのです。

AIは、1年間で歴史上の囲碁の対戦棋譜をすべて学習したうえで、みずから対戦を繰り返したとされています。機械であるAIは、電源のある限り休まず動き続けることができます。

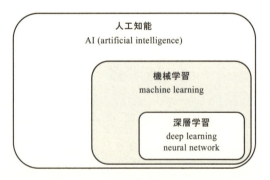

図 3-1　人工知能 (AI) の機能の構造化。AI の機能のひとつに機械学習 (machine learning) があり、その機能のひとつとして深層学習、すなわちディープラーニング (deep learning) がある。

第3章　AIのインパクト

　それでは、機械学習とは、どのような技術なのでしょうか。例えば、コンピュータが写真を見て、犬と猫を区別できる方法をみずから学ぶことに相当します。

　通常は、プログラムによって指定された特徴、例えば大きさ、かたち、色などから識別するしかないように思えます。ただし、プログラムによって犬と猫を区別することは、とても難しいです。色の違いでは区別できませんし、大きさは種類によって違います。耳のかたちでも無理ですし、毛並みでも区別はつきません。

　人間ならば5歳ぐらいで犬と猫の識別は可能と言われていますが、プログラムで指定しようとすると、とても難しいのです。

　機械学習は数多くのデータ、つまり**ビッグデータ** (big data)[9] をもとに、AI自らが経験を通して、区別の仕方を学習していくという手法です。AlphaGoは、AIが囲碁のパターンを自ら学習するという機械学習の機能によって、人間がプログラムを組まなくとも、AIが自ら囲碁のパターンを学習してくれるようになったのです。その結果、短期間での強化につながったのです。

　それではAIの頭の中はどうなっているのでしょうか。残念ながら、これが、人間には分からないのです。実は、機械学習には**「教師あり学習」**"supervised learning"と**「教師なし学習」**

---

[9] ビッグデータは、膨大で多様かつ複雑なデータのことであるが、数量的な定義があるわけではない。人間では処理できない量のデータのことである。

"unsupervised learning" があります。

3.5. 教師あり学習

まず、教師あり学習から説明します。犬と猫の区別を例にとると、コンピュータに画像を見せて、犬か猫かを判断させます。そして、間違いだったら、人間が「それは正しくない」と教えるのです。これを繰り返していくと、次第に、コンピュータの識別能力が向上していきます。これが「教師あり学習」です。

つまり、人間が教師となって、コンピュータが正しい判断ができるように仕向けることです。

犬猫の区別は難しいので、まずは、数式を例にとって考えてみましょう。いま、求める正解が、$y = x^2$ とします。ここで、データ (x, y) として $(0, 0)$ と $(1, 1)$ が用意されていたとする。コンピュータに $x = 2$ のときの y の値を出力するよう命じたら、$y = 2$ と返ってきたとします。

このとき、コンピュータは $y = x$ と推測したことになります。ここで、$y = 2$ は間違いで、$y = 4$ が正解と教えてあげるのです。これを繰り返せば、$x = 3$ のときの y の値を聞けば、$y = 9$ と正解を出力するようになります。これでコンピュータは学習したことになり、これを機械学習と呼んでいます。

教師あり学習は、**回帰** (regression) と **分類** (classification) が得意と言われています。いまの $y = x^2$ の例は「回帰」に属しま

第3章　AIのインパクト

す。いわゆる**回帰分析** (regression analysis) の回帰です。

　もうひとつの「分類」というのは、犬と猫を識別して分類するというものです。例えば、数多くの画像を見せて、それぞれの画像が犬か猫かをAIに聞いていきます。そして、正解か不正解かを教えていくと、次第に識別能力が高まっていくのです。

　アルファ碁も「教師あり学習」で強くなりました。チェスも将棋も囲碁も、駒の動かし方のルールは決まっていますし、勝ち負けの判断も明確です。ですので、教師が指し手を教えていけば、多くのパターンを認識していきます。ただし、このままでは人間が教えた手しか学ばないので、**強化学習** (reinforcement learning) という手法も導入されます。

3.6.　強化学習

　囲碁を例にとって考えてみましょう。まず、AIは、指し手のルールや基本事項は学習しているものとします。そのうえで、AIが自身で囲碁の対戦をスタートするのです。ちょうど、一人将棋や一人囲碁のようなものです。

　最初は試行錯誤ですが、回数を重ねるごとに、AIは勝ちのパターンを学習していきます。アルファ碁は、人類が過去に行った対戦棋譜を1週間で再現したとも言われています。ルールさえ理解していれば、機械でも対戦ができるのです。しかも、AIは機械なので、電源さえいれておけば、何万回、いや、何百万

回でも対戦を行い、学習します。これが強化学習です。

　この手法は、いろいろなところに応用可能です。将棋もチェスも、他のゲームもすべて、この手法で AI は上達することができます。

　実は、Google は、人間の棋譜を教えないで、囲碁のルールと強化学習だけで「アルファ碁ゼロ」という AI を 2018 年に開発しました。そして、なんと「アルファ碁」に勝つことに成功しているのです。

　つまり、下手に人間の棋譜を学ばないほうが AI は強いのです。これは、人間が指す囲碁には、悪手がたくさん含まれているということを意味しており、過去のデータに惑わされることのない純粋な AI のほうが強いということになります。

　この手法は、将棋やチェスなどの他のゲームにも応用できます。実は、Google は、「アルファ碁ゼロ」の開発後に、どんな種類のゲームにでも対応できる「アルファゼロ」を発表します。この新バージョンは、たった 2 時間の強化学習で、「最強の将棋 AI」に勝利し、4 時間の学習で「最強のチェス AI」に勝利しました。さらに、6 時間の強化学習で、2016 年版の「アルファ碁」を破っています。

　ところで、強化学習を経験している「アルファゼロ」と「アルファ碁ゼロ」の対戦はどうだったのでしょうか。こちらは、五分五分と予想されていましたが、実は、「アルファゼロ」が 6 割ほどの確率で勝利しているのです。いろいろなゲームを経験

第 3 章　AI のインパクト

したほうが強いということかもしれませんが、なぜなのかは、人間には分からないのです。

ところで、強化学習には、**ディープ・ラーニング** (deep learning) という手法が使われており、これがブレイクスルーの一因と言われています。

3.7.　ディープ・ラーニング

ディープ・ラーニングの特徴は、**ニューラル・ネットワーク** (neural network) という、人間の神経網に似た演算技術を利用していることです（図 3-2 参照）。

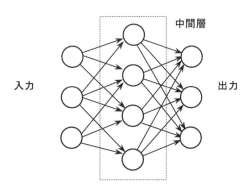

図 3-2　ニューラル・ネットワークの模式図：人間の脳神経系の回路網を模擬した情報処理システム。入力を与えると、いろいろな因子が互いに影響を与えながら、出力がえられる。処理時間が大きくなる。

人間の神経網は、3次元に張り巡らされたネットワークです。例えば、人間が手で何かを触ると、その信号が神経網によって脳に伝わり、「熱いか冷たいか」「堅いか柔らかいか」などの情報が得られます。

　つまり、「手で触る」行為が**入力** (input) であり、中間層と呼ばれる神経網を伝達して、最後には「冷たい」という**出力** (output) になる。

　ディープ・ラーニングは、この中間層を何層にも深化したものです。それが、ディープ (deep) つまり、「深い」という単語がついている理由です。

　図 3-3 にディープラーニングの模式図を示します。例えば、囲碁を例にとると、指し手の可能性はたくあります。これが、どのような結果になるかを中間層で計算して、最後に、ベストな回答、つまり指し手に至るのです。この図では、中間層のパラメータの個数や層の数は多くはないように見えますが、実際には、ものすごい数となります。その相互作用をすべて計算するとなると、大変な量の計算を必要とします。ChatGPT-3 では数 10 億パラメータ、ChatGPT-4 では、さらに一桁上と言われています。

　人間が一生かかってもできない計算を AI は瞬時にやってくれるのです。このため、出力結果を見ても人間には分からないのです。

　かつては、こんな複雑な計算はできませんでしたが、それが

可能になったのは、ハードとソフト両面でのデジタル技術の進歩によります。

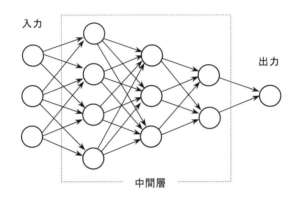

図 3-3　ディープラーニング。入力にビッグデータが使われ、中間層が何層にも深化されて、出力に至る。囲碁を例にすれば、碁石の最初の置き方には 361 通りあり、つぎの指し手は 360 通りあるが、それぞれが相関しながら、勝敗が決する。このとき、中間層の計算数は天文学的な数になる。ChatGPT では 10 億を超えるパラメータからなっている。

3.8. AI を使いこなす

　生成 AI の登場など、AI 技術は急激な進歩を遂げています。一方で、その使用に関しては、多くの国から懸念が寄せられているのも事実です。G7 の会合などでも、AI の応用になんらかの規制をかけるべきという意見が表明されています。

一方で、いろいろな分野で AI の応用開発がどんどん進んでいます。多くの IT 企業が AI のソフトを無料で提供しており、一般人でも使うことが容易になっています。

例えば、AI 機能を搭載した**スマートスピーカー** (smart speaker) が普及していますし、いまの PC のソフトや携帯電話には AI が当たり前のように搭載されています。規制をかける前に、いかに、それを賢く使うかという視点も重要です。さらに、犯罪などに利用される場合には、規制よりも、それを厳しく罰することが重要となるでしょう。

3.8.1. 学生対応

ここで、大学における AI の応用例を紹介します。AI を使いこなすコツは、何に応用するか明確化することです。

毎年、4 月になると、大学には多くの新入生が入学してきます。彼らは、履修登録、図書館利用、大学のシステムの使用方法、課外活動への参加など大学の制度になれるまでが大変です。

このため、4 月は学生課の窓口は大混雑し、長蛇の列ができます。一方で、学生からの質問の内容は 90% 近くが共通していると言われます。そこで、この窓口業務を AI で対応する大学が増えているのです。大学事務では、窓口対応のために、FAQ (frequently asked questions) や Q & A を用意して対応しています。これは、窓口に学生から寄せられる質問と回答例を示した

ものです。これを AI に機械学習させておけば、ほとんどの学生からの質問に対応することができます。

特に、ChatGPT などの生成 AI の登場で、機械学習と、事前のならし運転で、AI の学修も進むため、かなり高い精度の回答が得られると聞きます。

生成 AI は、窓口が閉まっていても 24 時間の対応が可能となるため、学生の利便性が飛躍的に向上します。また、事務職員の働き方改革につながると重宝されています。

3.8.2. 研究分野への応用

実は、ChatGPT だけでなく、Google、IBM や Microsoft からも、オープンソースの AI ソフトが提供されています。

これに目をつけたのが、若手の理系研究者たちです[10]。彼らが、研究に AI を活用しだしたのです。これは、AI の進展にとって、とても重要なステップになります。

しかも、無料なので高価な装置は必要ないので、学生を含めて、誰でもが取組みしやすい環境です。情報関係の学会だけでなく、応用物理学会や物理学会、金属学会などでも AI を使った面白い内容の発表が増えています。

学術研究への AI の応用の可能性は無限です。例えば、新機能

---

[10] もちろん、若手だけでなく、新規技術に興味のあるベテランの研究者たちも AI を応用した研究開発に参入しています。

を有する材料の開発を考えてみましょう。材料開発には、まず元素の種類の組合せを考えなければなりません。元素の数は100以上ありますが、手に入りやすいという前提で50程度としましょう。これら元素から3個を選んで化合物をつくるとすると、元素の組み合わせの数は $_{50}C_3$ となります。C は combination です。つまり、$(50 \times 49 \times 48) / (3 \times 2 \times 1) = 19600$ 通りです。これは、あくまでも、元素の組合せの数であり、実際には化合物では組成（元素の割合）も変化するので、まさに、新材料候補の数は無尽蔵なのです。

しかし、AI を使えば、候補を探してくれるのです。そのためには、事前学習用の大量データが必要となりますが、いまでは学会や研究機関などのデータベースが整備されていて、誰もが無料で使えるようになっています。

もちろん、AI が正しいとは限りません。しかし、人海戦術で進めるよりは、はるかに確率は高いのです。実際に、AI を利用して新しい材料も生まれつつあります。2024 年のノーベル物理学賞と化学賞は AI を利用した研究に与えられました。これは、多くの関係者に衝撃を与えました。

3.9. SWOT 分析

少子化の影響で大学間競争が激化しています。その中で、大学は自分の大学が置かれた現状を分析し、それをもとに、どの

第 3 章　AI のインパクト

ような施策をとるべきかの戦略策定が必要となります。その際、有効なのが SWOT 分析です。SWOT は、組織としての強み (strength)、弱み (weakness) とともに、外的要因として機会 (opportunities) や、脅威 (threat) の略です。

例として、ChatGPT に「東京大学の SWOT 分析をしてください」とプロンプトに入力したときの出力を示します。

Strengths 強み：
1. **学術的な優位性**：東京大学は世界的に高い評価を受けており、多岐にわたる分野で優れた研究成果を出している。
2. **歴史と伝統**：1877 年に設立され、日本最古の国立大学としての豊富な歴史と伝統があり、その信頼性や影響力を裏付けている。
3. **国際的な認知度**：国際的にも高い評価を受け、世界各国から優秀な研究者や学生が集まっている。
4. **研究インフラと施設**：最先端の研究施設や設備が整っており、高度な学術研究を支援している。
5. **産学連携**：産業界との強い連携により、実世界の問題解決や技術革新に貢献している。

Weaknesses 弱み：
1. **過剰な階層性**：大学内の階層化や官僚主義が、意思決定の迅速さや効率性に影響を与える場合がある。
2. **英語教育の課題**：国際化に対応するための英語教育が不十分であ

り、学生の国際競争力向上に課題が残る。
3. **資金調達の依存**：政府の予算に大きく依存しており、民間からの資金調達や寄付の増加が求められる。

Opportunities 機会：
1. **国際化の促進**：グローバルな視野を持った人材育成や国際的な共同研究の拡大が可能である。
2. **技術革新の推進**：産業界との更なる連携強化により、技術革新やイノベーションの推進が見込まれる。
3. **デジタル化と教育の革新**：オンライン教育やデジタル技術の活用により、教育の質を向上させる機会が増えている。

Threats 脅威：
1. **人材流失**：優秀な教員や研究者の海外流出が進む可能性があり、大学の研究力や教育品質に悪影響を与える恐れがある。
2. **予算削減のリスク**：政府の予算縮小や経済状況の変化により、大学の資金調達が制約される可能性がある。
3. **競争激化**：国内外の他の高等教育機関との競争が激化し優秀な学生や教員の確保が困難になる可能性がある。

さらに、ChatGPT の学習機能を使えば、より精緻な分析も可能となります。

第 3 章　AI のインパクト

3.10.　AI の可能性と限界

　AI のすぐれた能力は、われわれの可能性を高めてくれる存在です。今後、大学の教育や研究分野においても威力を発揮するでしょう。

　もちろん、AI に限らず、科学の所産を悪用しようとする輩は必ず存在します。しかし、その負の面だけに捉われていたのでは、進歩はありません。われわれ人間には、それを賢く使うことが求められます。

　ところで、AI が機械学習を通して、囲碁や将棋のプロの棋士達に勝つことができました。ここに課題があります。それは、深層学習を含めて、AI が学修できるのは、「打つ手が決まっている」からなのです。これらゲームには、きちんとしたルールがあり、例外がないのです。つぎの一手をどこに置くかはルールで決まっています。だから計算可能となるのです。

　しかし、**現実の世界** (the real world) はそうではありません。例外だらけです。平気でルールを破る人もいます。将棋の駒の「歩」が後ろに進んだり、同じ列に「歩」を 2 個置いたら、その時点で負けとなりゲームは終わりますが、実社会に終わりはありません。

　人生もそうです。AI は、勝敗が決まった時点で終わりと判断しますが、現実社会に終わりがありません。ゲームとは違うのです。そして、現実社会におけるルールを逸脱し相矛盾したで

き事に対応するためには、柔軟性が必要となります。これは、機械には無理です。ゲームに負けた相手を大目にみたり、待ったを受け入れてゲームをやり直すということができないのです。このような柔軟な対応ができるのは人間だけです。この事実を忘れてはいけません。

3.11. エネルギー問題

最後に、AIを動かすのに必要な電力と水の問題にも触れておきたいと思います。生成AIの登場で、世界は、その優れた能力に圧倒されていますが、大事な問題を忘れています。ChatGPTなどの生成AIを動かすためには巨大な電力と、大量の水が必要になるという事実です。

例えば、最初にリリースされたChatGPT-3では事前学習だけで、アメリカの一般家庭100軒が1年に使う電力を消費したと言われています。

さらに、現在のコンピュータは半導体を使っており、それを動かすと必ず発熱します。冷却をしなければ、5分程度で1000℃にも達すると言われています。ChatGPT-3の事前学習には、原子力発電所の冷却に必要な100万トンもの冷却水を消費したと言われています。このため、その開発は巨大な水力発電のもとで行われたのではないかとも言われています。

バージョンアップが進んで画像や音声にも対応できる

第3章　AIのインパクト

ChatGPT-4 では、さらに大きな電力と水が必要となります。われわれが1回の簡単な質問をするだけで 500 ml の水を消費するとも言われています。つまり、環境問題を考えれば、生成 AI は地球にかなりの負荷を与えていることになるのです。われわれは、ソフト面の便利さのみに目が奪われがちですが、この事実を忘れてはなりません。

第4章　DX 推進の課題

　大学におけるデジタル技術の導入は、教育コストを下げ、そのうえで教育効果を最大化できる可能性を秘めています。社会に出ていく学生にとっても、大学時代に最先端のデジタル技術に触れるという機会は、貴重な経験となります。

　一方で多くの大学においては、DX 導入がうまく進んでいるわけではありません。本章では、その課題をいくつか取り上げたいと思います。

4.1. デジタルデバイド

　DX 推進にあたって重要なのは、教職員や学生からユーザーとしての意見を取り入れることです。さらに、世の中からは、大学教員や大学生はデジタル技術に長けていると思われがちですが、意外とデジタル弱者が多いのです。よって、**デジタルデバイド** (digital divide) 解消[11]のための支援が必要となります。

---

[11] デジタルデバイドとは、デジタル技術をうまく利用できる人とできない人の間に生じる格差のことです。

第 4 章　DX 推進の課題

　実は、LMS を導入すると、多くの学生たちはすぐに、その効用に気づきます。使ってみれば、とても便利だからです。デジタル技術に長けた教員は、大学からの指示がなくとも、うまく LMS を利用しますし、授業で当たり前のように使いこなします。課題の提出や、授業で使う資料などもアップできますので、やむなく病気など授業を欠席した学生にとっては、とても便利なシステムです。

　一方で、デジタル弱者の教員に、いくら LMS を使ってくださいと言っても、使い方が分からないのでは話になりません。教員からは「いままで、LMS を使わなくとも授業に支障がなかったのに、なぜこんなシステムを使うのか」と疑問が投げかけられます。

　ここで、重要になるのが、学生の声です。学生は他の講義で LMS の利便性を享受していますので、それを利用しない教員に対して不満を持つことになります。この事実を教員に正直に伝えたうえで、教員への懇切丁寧なサポートが必要となります。このとき、システム管理をしている職員に丸投げするのではなく、使い方の分かる教員が、他の教員のチューターになるというやり方も考えられます。また、大学としては、正式な FD (faculty development) の一環にデジタル利用を位置付けて、支援することも必要となります。

　そして、デジタル技術の浸透の鍵は、デジタルに苦手意識のある人が使ったときに、「これは便利だ。また、使ってみたい」

と言わしめることです。これは、難しいことかもしれませんが、システム開発者は、つねにデジタル弱者に目配りした開発を目指すべきです。

今、政府が進めている**デジタルガバメント**(digital government)構想においてはデジタル技術によって住民サービスを老若男女を問わず、すべての国民が受けることができることを目指していますが、その際に重要となるのは、デジタルに不得手な高齢者にもやさしいシステムの開発です。デジタル強者だけが使えるものでは世の中には浸透しません。

4.2. 予算

デジタル化には、ある程度のコストがかかります。使い勝手がよく、実績もあり、信頼性の高いシステムの導入には、それなりの金額が必要です。

一方、ソフトウェアは目に見えないため、素人には違いがよく分かりません。現場では分かっていても、予算権を握っているものが、同じ仕様ならば安いほうがよいと誤った決断をすると、結局、使い勝手が悪い(あるいは使い物にならない)システムが導入され、誰も使わないという事態になりかねません。「安物買いの銭失い」"Penny wise and pound foolish" とはよく言ったものです。

すると、高い金をかけて導入したのに、誰も使わないという

ことになり、デジタル化の予算がさらに削られるという悪循環に陥ります。システムを導入する際には、他校に前例があれば、それを参考にするのも一案です。成功事例を真似れば確実です。

4.3. カスタマイズの失敗

ソフトウェア導入で失敗例が多いのが「カスタマイズ」"customization"です。ソフトを導入したとき、使用者から、仕事のやり方が違うので変えてほしいという要求が入ります。

しかし、標準仕様で導入を決めたものをシステム全体からの視点ではなく、一部の部署の要求で仕様をいちいち変更していたのでは問題が生じます。

LMSでも、同様の話を聞きます。他校でうまくいっていたシステムを導入しても、いろいろな教員の要求で標準仕様を変えていったら、トラブルが生じてしまい、結局、使い物にならなくなったという事例です。LMSは、教員と学生を結ぶコントロールタワーです。また、学生の成績管理もしますので、信頼が損なわれたら終わりです。やるべき事は、標準仕様に「自分のやり方を合わせる」ことです。

4.4. アジャイル型開発

大学に限らず、機関がシステムなどのソフトウェア開発を外

注する際、よくとられる手法では、最初にベンダーに仕様を提示し、その仕様に沿って設計します。そのうえで、設計がきちんと仕様を満足しているかなどを両者で確認後、業者によるソフトウェア開発となります。最後に、業者立ち合いのもと、依頼側が提示した仕様を満足しているかどうかのテストや試運転を行い、不都合があれば修正が入ります。そして、問題がなければ、最終的に依頼側が確認して一括納入に至るという流れとなります。

納期などの問題や、開発にかかるコストもあらかじめ予算で決められていることから、仕様決定→業者設計→ソフトウェア開発→試運転→一括納入という流れが一般的です。この方式を**ウォーターフォール** (waterfall) 方式と呼んでいます。Waterfallは滝を意味する英語であり、決められた行程を上流から下流に流していくという意味になります。

例えば、他大学において相似のシステムをすでに運用している実績がある場合には、その開発業者に依頼することで、安心して品質を担保することができます。

ところが、往々にして、システム開発に無知な理事等役員がコストが高すぎるとクレームを入れてきて、安い見積もりを出す業者に変更される場合があります。その結果、当初の仕様を満足するソフトウェアが完成せずに、金をどぶに捨てるという事態が起きます。すでに紹介した「安物買いの銭失い」(Pennywise and pound foolish) となります。実は、大学でも、こ

第4章　DX推進の課題

のような事態が頻繁に起こっています。

さらに、一括納入の場合には、後から不具合が生じても業者は対応してくれません。修繕のための新たな予算が発生します。

また、多くの場合、システム担当者だけで設計が行われるため、ユーザーの意見が仕様に反映されないことがあります。このため、せっかくの新しいシステムであっても誰も利用しないということも起こり得ます。このため、大学のような、教員、職員、学生という立場の異なる多様なステークホルダーからなる組織の場合には**アジャイル (agile) 型開発**が望ましいです。この手法では、システムを一括して開発するのではなく、システムを機能ごとに分割し、分割された単位ごとに機能するかどうかを確認しながら開発を進めていく手法です。

ここで、重要なのは、開発にあたってはユーザーの意見をよく聞くことです。システムを使う側の視点に立って、その機能が十分かどうか、また、使い勝手がよいかどうかを検証しながら開発を進めることが大切です。また、教員、職員、学生によって立場や視点が異なりますので、教員だけの意見を聞いていたのでは、後から後悔することになりかねません。特に、うるさ型の教員が自分の都合だけで仕様を要求する場合もあるので注意が必要です。職員や学生の意見なども取り入れ、総合的な判断を下す必要があります。

ただし、アジャイル型開発には課題もあります。システムを一括発注するわけにはいかないので、予算や最終納期が決まら

ないということです。このため、予算執行者の理解がないと進められません。

また、ユーザーである教職員や学生の意見を取り入れる過程で、当初の設計を変更する可能性もあります。しかし、「宝の持ち腐れ」や「安物買いの銭失い」とならないためには、アジャイル型開発が大学には適している手法と考えられます。

4.5. 追手門学院大学の開発事例

このように、大学におけるシステム開発においては、アジャイル型とし、システムの専門家ではなく、あくまでもユーザーである教職員と学生の意見や、使い勝手を参考にしながら進めることが重要となります。

しかし、このような開発手法は、大学では難しい面があります。予算の責任者である理事会や大学執行部ではデジタル技術に精通していない人が多いうえ、業者に依頼してシステムを一括納入するというやり方のほうが予算編成において理解されやすいからです。このため、アジャイル型開発の意義を理解してもらうことが難しいのです。

筆者のひとりである村上は、岩手県のDXアドバイザーを務めるなど組織のDX化に関していろいろな組織に助言をしています。その一環として、国立大学や私立大学で進められている大学DXの**優れた取組事例** (good practice) を調べていますが、

第 4 章　DX 推進の課題

追手門学院大学の**カスタマーエクスペリエンス** (customer experience: CX) に基づき、ユーザー目線に寄り添ったアジャイル型開発の事例に目が留まりました。まさに、大学が理想とすべきシステム開発がそこにあったのです。しかも大学では、CX デザイン局という新しい組織までつくって開発にあたっています。

　CX とは、customer experience ですので、直訳すれば「顧客体験」となります。企業の商品開発において重要なコンセプトであり、2000 年ごろから導入されました。商品の価格の安さや便利さだけではなく、顧客が感じる価値やメリットを大切にすることに相当します。

　大学のシステム開発に置き換えれば、顧客である教員、職員、学生が感じる価値やメリットを尊重することに通じます。「システムを使って良かった」あるいは「このシステムをぜひ使ってみたい。他の人にも薦めてみたい」と感じてくれることを大切にすることです。これまで、大学 DX に必要な観点と主張してきた「ユーザー目線に立脚した開発」となります。

　そこで、5 章と 6 章では、追手門学院大学が進めてきたアジャイル型のシステム開発の具体的な進め方を紹介したいと思います。

第 5 章　DX を通じた CX の実現

5.1. CX（カスタマーエクスペリエンス）の実現

　第 1 章の冒頭でも触れたように、DX はデジタル技術を活用して新しい教育スタイルを創出し、教員と学生の双方に革新的な効果をもたらすイノベーションの創出そのものと言えます。

　多くの大学は、時代の要請に応じて DX に取り組み、様々なシステムやアプリケーションの導入を進めています。しかし、そのシステムやアプリケーションを「何のために」導入するのか、その目的が十分に検討されていないケースも少なくありません。

　例えば、LMS の導入は、オンラインで授業やコンテンツを配信、あるいは学生の学習状況をデータとして可視化するために行われますが、それ自体が目的になってしまい、根本的な「なぜ」その機能が必要なのかが曖昧なまま導入が進められることがあります。

　結果として、システムやアプリケーションの乱立が起こり、それぞれは最適化されていても全体としての連携が取れず、教

第 5 章　DX を通じた CX の実現

員や学生にとって使いづらくなり、やがてシステムが陳腐化するという問題に直面します。

では、DX の目的はどのように考えるべきでしょうか。その一つの方向性として、カスタマーエクスペリエンス (Customer Experience: CX) の考え方が重要です。

CX は、体験価値とも呼ばれ、商品やサービスの価格や機能といった物理的価値だけでなく、顧客がそれを体験する過程で感じる心理的価値に焦点を当てます。顧客が商品やサービスを利用する際に感じる「感動」や「喜び」といった感情が、CX の中核となります。

| 【物理的価値】
商品やサービスを利用することで得られる、具体的で機能的な利便性。スマートフォンであれば「いつでも通話やインターネットが利用できる」「カメラ機能で簡単に写真や動画を撮影できる」といった点が当てはまる。 | | 【体験価値】
商品やサービスを通じて顧客が感じる「感動」や「喜び」といった心理的価値。スマートフォンであれば「家族とビデオ通話をすることで距離を超えてつながりを感じられる」「旅先で撮った写真を共有し、思い出を分かち合える」といった点が当てはまる。 |

図 5-1 物理的価値と体験価値の違い

この考え方は、大学教育にも当てはまります。LMS も、単に配信や可視化といった物理的価値に注目するのではなく、教員や学生がどのようにそのシステムを感じ、学ぶ意欲を引き出す

かといった心理的価値を追求することが重要です。

　大学側の視点（管理起点）では「何を教えるか、どう教えるか」と考えがちですが、CXの視点（学生起点）では、「これを学びたい！」、「これができるようになった！」という楽しさや達成感といった感情的な価値を提供することが目標となります。

　これは新しい考え方ではありません。文部科学省も、大学が「何を教えたか」ではなく、学生が「何を学び、何を身につけたか」を重視する「学修者本位の教育の実現」を提唱しています（2023年2月24日中央教育審議会大学分科会）。これは、まさにCXの観点から教育を見直すことを意味しており、DXはそのための手段として位置づけられるのです。

　次節以降、CXの視点からDXを推進した追手門学院大学の事例を基に、大学におけるDXの在り方を具体的に見ていきます。

5.2. 追手門学院大学の抱えていた課題

　追手門学院大学（以下、追大（おいだい））は、大阪府茨木市にある文理総合大学で、文学部や法学部、地域創造学部、理工学部を含む9学部を擁し、学生数（収容定員）は9,860名です[12]。

---

[12] 追大では、2023年度に法学部、2025年度に理工学部を開設しており、2025年4月時点での学部の収容定員は8,950名、2028年4月の完成年度において学部の収容定員が9,860名となる。

第5章　DXを通じたCXの実現

2012年度から2024年度まで12年連続で志願者数が増加し、教学マネジメントの実質的運用を中心とした教学改革にも熱心に取り組んでいます。

教学マネジメントは、文部科学省の「教学マネジメント指針」（2020年1月22日　大学分科会）に基づき、大学がその教育目的を達成するために行う管理運営の考え方です。この指針においては、学長のリーダーシップの下で、三つの方針（卒業認定・学位授与の方針、教育課程編成・実施の方針、入学者受入れの方針）に基づく体系的かつ組織的な教育の展開と、その成果の点検・評価、そして不断の改善が求められています。

追大でも、学長のリーダーシップの下、教学マネジメントを推進し、特に成果の点検・評価を重視して、教学データの集約・可視化・分析を行い、PDCAサイクルを回して教学の改善を図ってきました。その一環として、教学IR (Institutional Research) の推進も早くから指摘されてきました。しかしながら、この教学IRを進める上で、追大はいくつかの課題を抱えていました。

① システムの乱立

追大では、他大学に先駆けて様々なシステムやアプリケーションの導入を図ってきました。教務システムやLMS、就職管理システムなど、それぞれは導入時に最適化されていましたが、時間が経つにつれシステムが乱立し、データの連携が難しくなってきました。蓄積されたデータはブラックボックス化し、他

のシステムと組み合わせることが困難になるといった課題が生じてきたのです。これにより、分析に必要なデータを準備できないという状況が生まれました。

② データの欠損や入力規則の不統一

　データが抽出できても、欠損があったり、入力規則が統一されていなかったりするために、分析に利用できないケースもありました。例えば、入力漏れなどがあり一部の項目が欠けている、または「追手門」、「(株) 追手門」、「株式会社追手門」などの表記揺れがあると、同じ情報が異なるデータとして扱われる問題です。こうした不統一は、今でこそ生成 AI の力を借りて修正を図るといったことも可能ですが、教職員のデータリテラシーやルールの制定に起因する部分も大きく、IR 部門のみならず、データを扱うすべての部門でリテラシー向上が必要であるという課題が生じました。

③ 操作性や機能性の問題

　システムがデータを蓄積し、可視化できること自体は重要ですが、実際に学生や教職員が使いこなせなければ意味がありません。かつて追大でも、教学 IR を推進するために LMS の入れ替えを行いましたが、新システムの使い勝手や利便性が悪く、利用者の減少につながり、結果としてデータが十分に蓄積されないという問題が生じました。利用者視点に立った操作性や機

能性の確保が、教学 IR 推進には欠かせない要素であることがわかります。

5.3. CX デザイン局の設置

追大では、上述の課題を解決する手段の一つとして、2023 年 4 月に「CX デザイン局」という事務組織を設置しました。CX デザイン局は、追大の法人事務局、大学事務局、初等中等事務局といった既存の事務組織とは別に設置された独立の組織で、その名の通り、CX の視点から学生・教職員の体験価値の向上を目指すことをミッションとしています。

さらに、CX デザイン局の特長は、DX を通じて体験価値の向上を追求している点です。現代では、ホテルやレストランの予約、エンターテイメントの視聴など、さまざまな体験がスマホ一つでスムーズに行えるようになり、デジタル技術は私たちの日常生活に欠かせない存在となっています。このような時代背景を踏まえ、CX デザイン局ではデジタル技術を最大限に活用し、追大の学生や教職員にとっての体験価値を高める取り組みを進めています。

CX デザイン局の設置は、前節で説明した 3 つの課題（システムの乱立、データの欠損、使い勝手の問題）を解決するためであると同時に、学修者本位の教育を実現するために CX に基づいた抜本的な改革が必要だという大学の認識から生まれまし

た。

　教育の質保証を実質的に行うためには、教学 IR による PDCA サイクルの継続が重要です。教学 IR に必要となるデータ収集についても、学生が主体的に学び、活動できる仕組みがあり、その過程で学生が「楽しい」「嬉しい」「もっと学びたい」と感じることで、自然とデータは蓄積されていきます。

　追大による CX デザイン局の設置は、真の意味で学修者本位の教育を実現し、教育の質保証を実質化させることを目指した、時代の要請に応える取り組みなのです。

5.4. CX トータルシステムの構築

　CX デザイン局は、先に述べた 3 つの課題（システムの乱立、データの欠損、使い勝手の問題）を CX の観点から解決するため、部署横断の「学院 DX プロジェクト」を立ち上げました。このプロジェクトが目指したのは「CX トータルシステム」の構築です。これは単に 1 つのシステムやアプリケーションを導入するというものではなく、これまで学内に乱立していたシステムを整理・連携させ、すべてのデータを集約・管理できる仕組みを指します。そして、この仕組みは技術的な側面だけではなく、CX の観点から、利用者である学生・教職員にとって最も心地よい環境を提供することを重視しています。その全体的な仕組みを「CX トータルシステム」と呼称しました。

第 5 章　DX を通じた CX の実現

　この CX トータルシステムは、「統合 DB」「OIDAI（おいだい）アプリ」「次世代 LMS」の 3 つを中核としています。追大の真銅正宏学長は、これを「教学 DX 三種の神器」と呼び、プロジェクトの重要性を強調しました。

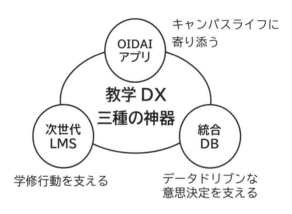

図 5-2　教学 DX 三種の神器

　「統合 DB」「OIDAI アプリ」「次世代 LMS」の整備には、学内の各部署の知見と協力が不可欠でした。プロジェクトでは、学内の様々な部署から若手・中堅職員が集められ、彼らが中心となって検討と整備が進められました。

　「あなた方の取り組みは新たな未来を創ることだ」

　これは、プロジェクト当初からメンバーに投げかけられた言葉です。メンバーは CX という新しい概念を咀嚼し、既存のルールや組織風土、時には組織文化にもぶつかりながら、CX トー

タルシステムの構築に取り組みました。このプロジェクトは、単なる技術的な改革ではなく、まさに「組織風土・組織文化の変容に係る果敢な挑戦」といっても過言ではありません。

この CX トータルシステムとは、個々のシステムを最適化するのではなく、大学全体のデジタル環境を CX の観点から最適化することを目的とした仕組みを指します。

多くの大学では、必要に応じて個別のシステムを導入・改修してきましたが、その結果、機能の重複やシステム間の連携不足が発生し、時間とともに非効率が積み重なってしまいます。また、各システムの導入時にはそれぞれの最適化が図られますが、全体としての統一性や利用者目線での設計が欠けているため、学生や教職員にとって煩雑な環境に時間と共に変化してしまいがちです。

CX トータルシステムは、こうした問題を解決するために、以下の 3 つの要素を軸としています。

① 利用者が学内の各システムを一つのシステムのように違和感なく使えること

- OIDAI アプリを中心に、学生や教職員がストレスなくアクセスできる統合 UI/UX[13]を提供する。

---

[13] UI（ユーザーインターフェース）は、ユーザーが製品やサービスと接する部分のデザイン。UX（ユーザーエクスペリエンス）は、UI を含む、ユーザーが製品やサービスを通じて得られる体験全体の質。顧客体験全体が CX であり、UX は CX の一部と言える。

第 5 章　DX を通じた CX の実現

- シングルサインオン (Single Sign On: SSO) を採用し、システムごとにログイン情報を求められる煩雑さを排除する。

② **すべてのデータを統合 DB に集約し、システムのライフサイクルに柔軟に対応できること**

- 学内のあらゆるデータを統合 DB に集約し、システムが陳腐化しても、データの一貫性を維持できる環境を整える。
- 各システムを順次アップデート・リプレイスしながらも、データの継続性を確保することで、利用者にとって違和感のないシステム更新を実現する。

③ **統合 DB を活用し、データドリブンな改革・改善を推進できること**

- 学修履歴、学内活動、問い合わせ内容などを統合 DB に集約し、データを活用した意思決定 (データドリブン経営) を実現する。
- 統合 DB のデータ分析をもとに、FAQ の改善や学修支援の強化など、学生の体験価値 (CX) の向上につなげる。

このように CX トータルシステムは、単なるシステム統合で

はなく、大学全体のデジタル環境を最適化し、学修者本位の教育を実現するための仕組みです。これによって、個々のシステムごとの最適化にとどまらず、大学全体としての一貫性と利便性を確保し、持続的な改革を可能にするものです。

次節以降では、このCXトータルシステムを構成する要素について詳細を紹介したいと思います。

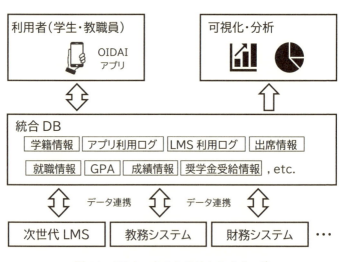

図 5-3　CX トータルシステムのイメージ

5.4.1. 統合 DB

統合 DB（データベース）は、CX トータルシステムの要とな

第 5 章　DX を通じた CX の実現

るものです。追大では、さまざまなシステムが乱立し、データを一元的に集約することはおろか、各システムにどのようなデータがどの形式で格納されているのかが不明な部分も多く、ブラックボックス化が進んでいました。このシステムの乱立によるブラックボックス化を解消することが、最初の目標でした。

　しかしながら、LMS や教務システム、会計システムなど、目的や仕様が異なるさまざまなシステムを 1 つのシステムに統合したり、データ連携のために既存システムをすべて改修したりすることは、時間的にも予算的にも現実的な解決策ではありませんでした。

　そこで追大では、各システム同士を直接連携させるのではなく、1 つの巨大なデータベースを作成し、そのデータベースに各システムからデータを連携させる仕組みを構築しました。これが統合 DB です。

　統合 DB を中核に据えたことで、学内のシステムは統合 DB からデータを受け取って稼働するか、統合 DB へデータを連携（格納）するかのいずれかに収斂されることになり、学内のさまざまなシステムに散らばっていた主要データはすべて統合 DB に蓄積されるようになりました。

　これは、学内データを集約できるという点で画期的な取り組みでしたが、さらにシステムの入れ替え時にも大きなメリットを発揮することになりました。いかなるシステムも時代とともに陳腐化し、入れ替えが必要になりますが、従来はシステムご

とにデータ形式や格納方法が異なるため、新しいシステムへのデータ移行が困難で、古いデータが活用されずに放置されることがありました。結果として、過去のデータと新しいデータを連携させた経年的なデータ分析ができないといった課題があり、システム移行には多大な時間や費用がかかっていました。

しかし、統合 DB の構築によって、すべての重要なデータが統合 DB に格納されるようになり、新たなシステムへの移行時もデータを統合 DB から引き継ぐことで、過去から現在に至るデータを一貫して管理し、経年的な分析が可能になったのです。

5.4.2. OIDAI アプリ

統合 DB によってあらゆるデータが集約されたものの、それはあくまで各システムからデータを集めたにすぎません。学生にとっては、履修登録のためには教務システム、授業を受けるためには LMS と、用途ごとに異なるシステムにアクセスする必要があり、システムが増えるほどアクセスすべき場所が増え、場合によっては異なる ID やパスワードを使い分ける不便さが生じていました。

そこで追大では、学生にとってすべてのデジタル窓口となるスマホアプリ「OIDAI アプリ」を開発しました。

追大では 2019 年から BYOD (Bring Your Own Device) 制度を導入し、学生が 1 人 1 台のパソコンを保有する体制を整えてい

第 5 章　DX を通じた CX の実現

ました。そのため、当初はパソコン向けのポータルシステムの導入も検討されました。

図 5-4　OIDAI アプリのリリース

しかし、現在では学生のスマホ保有率はほぼ 100％に達しており、日常的な操作はスマホで行うのが当たり前となっています。私たちも、ホテルや新幹線の予約などをスマホで完結させる機会が増えてきているのではないでしょうか。

CX の観点からは、「BYOD だからパソコンを使わせるべき」という考えではなく、「学生が最も快適に学内システムにアクセスできる環境を提供すること」が重要になります。プロジェクトメンバーは「学生の体験価値をいかに向上させるか」という

CX の観点から議論を進め、以下の 3 つの体験価値を実現することを目指しました。

i. **すぐに確認したい情報に確実にたどり着ける**

   授業情報やサポートが必要な時に、欲しい情報をスムーズに入手でき、学生と大学の接点として習慣的に利用されることを目指します。

ii. **学生生活に必要な便利さを提供する**

   その日の講義情報や休講・補講の案内をリアルタイムで確認できるなど、学生にとっての「便利」を追求し、学生生活をより豊かにするツールとして機能します。

iii. **自然と新たな機会に出会える**

   具体的な目的がなくても、新たな学びやチャンスに自然と触れることで、学生生活の幅を広げるきっかけを提供します。

このようにアプリ開発前に明確なコンセプトを打ち立てたことで、開発中に議論が行き詰まった場合も、常に学生起点に立ち返って進めることができました。OIDAI アプリは 2023 年 9 月にリリースされ、2024 年現在、1 年生のダウンロード率は 100%

第 5 章　DX を通じた CX の実現

を達成し、追大の学生生活に欠かせないアプリとして 1 年足らずで定着しました。

OIDAI アプリがなぜこれほどまでに学生生活に浸透したのか、その特長を見ていくことで明らかにしたいと思います。

① 利用者のニーズに応じたアジャイル型開発

OIDAI アプリは、アジャイル型開発という、計画・設計・実装・テストといった開発工程を機能単位で小さなサイクルとして繰り返す手法で開発されています。

これまでの大学では、会計システムや教務システムなど、いわゆる「完成品」としてのパッケージ製品を購入したり、膨大な仕様書をもとに緻密なシステム開発を行ったりすることが一般的でした。しかし、アジャイル型開発は、ウォーターフォール型開発のように最初からすべての機能を綿密に設計して完成品を目指すのではなく、小規模で開発をスタートし、段階的に進めていく手法です。このため、開発からリリースまでの期間を短縮でき、利用者のニーズに応じて柔軟に機能を改修・追加することが可能です。

CX の観点からは、利用者である学生や教職員のニーズに応え続けることが重要です。こうしたニーズは、アプリを使い始めてからも次々に生まれ、また、アプリを実際に使って初めて気づくニーズもあります。

表5-1 アジャイル型開発とウォーターフォール開発の違い

比較項目	アジャイル型開発	ウォーターフォール開発
開発プロセス	短い開発サイクルで進行し、逐次改善	要件定義から順番に進み、各フェーズが完了してから次へ進む
変更への対応	変更を前提とし、柔軟に対応可能	仕様が決定すると変更が難しい
リリース頻度	小規模な機能を頻繁にリリース	大規模なリリースを一度に行う
顧客ニーズへの対応	開発途中でも顧客フィードバックを反映できるため、CXの向上に貢献	開発開始時に要件が固定されるため、途中の顧客ニーズの変化に対応しづらい
プロジェクトの柔軟性	スクラッチ開発がしやすく、顧客ニーズに迅速に対応可	計画に沿って進むため、柔軟性に欠ける
開発スピード	スピーディーな開発が可能	開発に時間がかかる
適したプロジェクト	変化の多いプロジェクトや、不確実性の高い新規開発	仕様が明確で変更の少ないプロジェクトや、大規模な基幹システムの開発
リスク管理	継続的にリスクを管理しながら開発を進める	開発前にリスクを詳細に分析し、計画段階で対策を講じる
開発の特徴	開発チームと顧客の密なコミュニケーションが不可欠	事前に綿密な計画が必要で、開発完了まで顧客と開発チームのやり取りが少ない

第 5 章　DX を通じた CX の実現

　そのため、最初から完璧な完成品を目指すのではなく、スタートアップ思考やデザイン思考を取り入れ、利用者にとって必要な機能を少しずつ実装していく形を取っています。

　OIDAI アプリも、最初のリリースであるバージョン 1.0 では、授業の時間割情報や休講情報、バスの時刻表といった、学生が「これが知りたかった」と感じる機能を搭載し、アプリの利便性を実感してもらうことからスタートしました。

　その後、OIDAI アプリは 2023 年 9 月のリリースから 2025 年 3 月までの間に 5 回のメジャーアップデートを行い、バージョン 5.0 に到達しています。バージョン 2.0 では QR コードを用いた電子学生証機能、バージョン 3.0 では卒業生モードの実装、バージョン 4.0 では入学前準備モードや施設予約機能の追加、バージョン 5.0 では学生へのポートフォリオ機能が追加されるなど、大きな機能追加を段階的に行ってきました。そして 2025 年度中にはバージョン 6.0 として後述する AI アカデミックアドバイザー機能の追加などが構想されています。

　また、メジャーアップデートに加えて、学生や教職員からのフィードバックをもとに、細かな改修や機能追加を行うマイナーアップデートも 2～3 か月に 1 回のペースで実施しています。

　こうした継続的な改修により、OIDAI アプリは「かゆいところに手が届く」アプリとして常に進化し続け、学生や教職員の期待感を高めることが重要となっています。

② シングルサインオンによるストレスフリーのアクセス

　OIDAI アプリは、学生にとってすべてのデジタル窓口となります。アプリにアクセスすれば、教務システムでの履修登録や LMS での受講が可能で、各種システムへの動線が整備されています。しかし、単にリンクを介して教務システムや LMS にアクセスするだけでは、システムごとに ID とパスワードを入力する必要があり、利用者の体験価値としては不十分と言えます。

　そこで導入したのがシングルサインオン (Single Sign On: SSO) です。SSO は、一度 ID とパスワードを入力すれば、その情報が認証サーバに送信され、利用者情報が照合されます。認証が成功すると、他のシステムへのアクセス権が付与され、その後は ID とパスワードを再入力することなく複数のシステムにアクセスできるようになります。

　この SSO の導入により、学生は OIDAI アプリにログインするだけで、複数のシステムへシームレスに遷移でき、ID やパスワードを再入力する必要がなくなりました。これにより、まるで OIDAI アプリという 1 つのシステムだけを使っているような感覚を体験できるようになり、利便性が大幅に向上したのです。

③ デジタルフロントで実現するシームレスな学生サポート

　OIDAI アプリは、デジタルフロント機能を備えています。これは、従来であれば学生が窓口に来て行っていた質問や申請な

第 5 章　DX を通じた CX の実現

どを、デジタルで完結させる仕組みです。

　OIDAI アプリには、学生が疑問に思うことが FAQ として整理されており、学生はそれを確認することで窓口に行かずとも問題を解決できます。もし FAQ で解決できなかった場合でも、アプリから問い合わせを行うことができ、学生はいつでも手軽にアプリ上でサポートを受けることが可能です。

　これにより、学生は窓口まで行かずに疑問を解消でき、時間を有効に使うことができるため、体験価値が向上します。また、問い合わせ内容はデータとして蓄積され、CX デザイン局がそのデータを分析することで、FAQ の追加や修正を行い、解決率をさらに高めることが可能です。

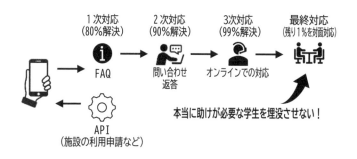

図 5-5　デジタルフロント

　こうしたデジタルフロントの取り組みは、決して窓口対応を無くすためのものではありません。窓口で対応する学生の 9 割

がデジタルで解決できれば、本当にサポートを必要とする学生に対して、より丁寧で時間のかかる対面での対応ができる余裕が生まれます。デジタルを通じた CX の実現は、アナログ（対面）での CX 向上にもつながる重要な取り組みと言えるのです。

しかし、このデジタルフロントの導入には多くの困難がありました。従来の窓口対応を担っていた職員からは「自分たちの仕事が否定されるのか？」という反発がありました。これはある意味で当然の反応でしたが、プロジェクトチームは繰り返しその意義を説明し、職員の仕事に対する価値観を徐々に変えていくことに取り組みました。

そもそも学生が窓口に来るのは、情報が適切に行き渡っていないからだという現実を受け入れ、「学生を窓口で対応すること」が仕事ではなく、「学生が窓口に来なくてもいいように情報提供を行き届かせること」が真の仕事であるという意識改革を進めたのです。

これまでは「窓口対応で学生に感謝されること」を仕事の価値と捉えていた面がありました。しかし、「学生に感謝される」という考えは職員起点であり、学生起点で考えるならば、「情報が隅々まで行き渡り、学生の機会損失を防ぎ、体験価値を向上させること」こそが真の仕事の価値なのです。

このデジタルフロントの取り組みは、私たちが本当の意味で CX に立脚した業務へと移行するための、価値観の変革をもたらす重要な一歩となりました。

第5章　DXを通じたCXの実現

④ 電子学生証「OI-PASS（オイパス）」による体験価値

OIDAIアプリには、個人識別機能としてQRコードの表示や読み取り機能が備わっており、この機能は「OI-PASS」という名称の電子学生証として活用されています。OI-PASSは本人確認のため、授業の出席登録、イベント参加確認、図書の貸し出し、オンデマンドプリンターの利用など、さまざまな用途で利用されています。

新入生は、入学式でこのOI-PASSを使ったチェックインを体験し、入学早々に追大での生活においてOIDAIアプリが不可欠であることを実感し、OI-PASSがさまざまな場面で使われることを自然に体験していくことになります。

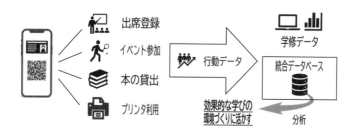

図 5-6　電子学生証「OI-PASS」の導入

QRコードの読み取りには特別な機器を必要とせず、カメラ付きのタブレットやスマホにOIDAIアプリがインストールされていれば、教職員は簡単に読み取ることができます。これに

より、従来専用機器を必要としていたものがすべて OIDAI アプリで完結するため、大幅なコストダウンにもつながっています。

また、**OI-PASS** を利用して蓄積されたデータは、すべて統合 DB に格納されます。これにより、学生の学内での行動データが蓄積され、学修成果に加えて学修行動を分析することで、教学改革やより良い環境整備に役立てることが可能です。

さらに、**OI-PASS** には大学側のメリットだけでなく、学生の体験価値を向上させる多くの利点もあります。例えば、従来は施設予約について窓口で確認しなければ、どの施設を利用できるのか把握することができませんでした。しかし、OIDAI アプリを通じて利用可能な施設が一目でわかり、その場で予約を完了できるようになりました。これにより、学生はより多くの場面で大学の施設を活用し、互いに教え合い、学び合うといった主体的な活動を促進することができるのです。

⑤ 切れ目のない一気通貫の体験価値

OIDAI アプリは在学生の体験価値を向上させるためにリリースされましたが、2024 年 3 月には初めての卒業生を対象にしたバージョン 3.0 で「卒業生モード」を実装し、2024 年 9 月には 2025 年度入試の合格者が使用する「入学前準備モード」を実装したバージョン 4.0 をリリースしました。これにより、入学前から卒業後までの一貫した体験価値を提供することを目指しています。

第 5 章　DX を通じた CX の実現

　従来、卒業生との関係は郵送による会報誌の送付などに依存していましたが、現代の流動的な社会では、増加し続ける卒業生の住所などの個人情報を管理し続けることが難しくなっています。しかし、卒業生が OIDAI アプリを引き続きスマホにインストールし続ける限り、住所などの個人情報に頼らずとも、大学との関係を維持することが可能となりました。

　ただし、これを実現するためには、卒業後も価値のあるアプリであり続ける必要があります。つまり、卒業後も体験価値の向上に寄与するアプリであることが求められます。そこで「卒業生モード」では、大学からのお知らせ配信に加えて、各種証明書の発行手続きをアプリで行えるようにしたり、次世代 LMS を通じてリカレント教育やリスキリング教育を受講できるなど、卒業生にメリットを提供できるシステム体制を構築しています。また、OI-PASS は卒業生としての証明にもなり、引き続き大学の図書館を利用する際に活用でき、生涯を通じて学び続ける体験価値を提供することが可能です。

　「入学前準備モード」については、これまでアナログな方法で行われていた入学手続きが、デジタル化されることで合格者が手続き状況を可視化できるようになりました。これにより、手続きが完了しているかどうかの不安が解消され、入試課への問い合わせの手間が省けるようになり、実際これまで入試課で頻繁にかかってきていた電話での問い合わせ件数は、ほぼ 0 になっています。さらに、入学までに準備すべき事項も FAQ で明

確に整理され、これまでは郵送で提供されていた大学からの様々な通知もすべてアプリを通じて電子化されました。

　従来、各部署から個別に情報提供が行われていたため、合格者にとっては煩雑な手続きが発生していましたが、合格者にとっては部署の区分は関係なく、入学に向けた一貫した準備が重要です。このアプリを通じて部署の垣根を超えた情報提供が実現したことは、追大にとって業務改革の大きな効果をもたらしたと言えます。

　以上の通りOIDAIアプリの特長から、OIDAIアプリがなぜ学生生活に浸透していったかを明らかにしました。

　これらの機能を通じて、OIDAIアプリは単なる情報提供ツールにとどまらず、学生が入学前から卒業後までの大学生活をシームレスにサポートする、追大の重要なデジタルプラットフォームへと進化しています。アジャイル型開発による柔軟なアップデート、SSOによるストレスフリーのアクセス、デジタルフロントやOI-PASSを活用したサービスの拡充は、すべて利用者である学生や卒業生の体験価値を最大限に引き出すことを目指しています。

　このように、OIDAIアプリは単なる技術革新にとどまらず、大学における「学び」と「サポート」の在り方そのものを変革し、切れ目のない一貫した体験を提供することを実現しているのです。今後も、学生のニーズに応じて進化し続けるOIDAIア

プリは、追大の DX 戦略において欠かせない存在となり、学生と大学の新しい関係性を築いていくものと言えます。

5.4.3. 次世代 LMS

LMS (Learning Management System) は、第 2 章でも説明した通り、学習教材の保管や受講者への資料配信、成績管理などを行う学修マネジメントシステムです。LMS はもともと遠隔教育や企業研修で活用されていましたが、BYOD の進展に伴い、対面授業でも LMS の利便性が見直されるようになりました。講義資料の配付や質問対応、成績管理など、LMS を通じた教育が一般的になってきています。

追大では、2015 年に最初の LMS を導入しました。当時は ICT を活用した教育の試行錯誤の時期であり、「紙とペン」の時代から脱却するための取り組みが始まっていましたが、導入当初は利用が浸透せず、教員の啓蒙活動によって徐々に普及しました。決定的な転機は、2020 年における新型コロナウイルスのパンデミックによる対面授業の制限です。これにより、LMS を活用した授業が急速に広まり、追大でも LMS の利用が一般的になりました。

その後、文部科学省の「教学マネジメント指針」(2020 年) に基づき、学修成果の可視化とエビデンスの提示が求められるようになり、追大でも 2021 年に新しい LMS を導入しました。こ

の新 LMS は、学生の学修行動や成果のデータを蓄積・可視化する機能に優れていましたが、教員からの支持は得られませんでした。この LMS は企業研修向けの設計で、オンデマンド講義には適していたものの、大学教育に必要な双方向のやり取りには不向きだったからです。

また、LMS は他のシステムとの連携が必要ですが、この新 LMS は後述する LTI 連携（国際規格によるシステム連携）の対応が不十分で、他のシステムとの一体的な利用が困難でした。これにより、教員の利用が進まず、LMS の活用が停滞してしまったのです。

こうした事態を受け、追大は CX の観点から次世代 LMS のあるべき姿を再検討し、最終的に「Canvas」を導入することを決定しました。Canvas は、2025 年現在、世界最大のシェアを持つ LMS で、世界各国の大学で採用されています。追大でも、次世代 LMS として Canvas の利用が定着しつつあります。

次に、追大が次世代 LMS の検討を進めた際に重視した観点について、具体的に見ていきましょう。

① CX に立脚した検討

どんなに優れた LMS でも、教員が使わなければ学生も利用せず、データも蓄積されません。しかし、LMS はデータを蓄積したり分析するために存在するのではなく、利用者である教員や学生の学びの質を高めることに本来の意義があります。した

第5章　DXを通じたCXの実現

がって、LMSにはどのような機能や使い勝手があれば、学生や教員の体験価値が向上するかという、CXに立脚した検討が必要です。

　追大では、次世代LMSの選定プロセスにおいて、学生と教員の目線から、それぞれにとって何が求められているかを徹底的に明らかにしました。以下は、学生や教員にヒアリングや、LMS利用のワークショップを通じて得ることができた学生目線と教員目線でのLMSに対するニーズです。

【学生目線】
●教員とのコミュニケーション
- チャット形式の気軽なやり取り
- 個別連絡時のファイル添付
- 連絡受信時の教員への通知

●授業参加時のモチベーション
- 教員からのフィードバック受領
- 様々な人との学び合い
- 相手との意見の違いを知る機会

●情報のキャッチアップ・やるべきことの明示化
- 教員からの情報をアプリで受信
- 情報受信時のアプリ通知
- 課題〆切・テスト受験等のアプリ通知

【教員目線】
- **シンプルでわかりやすい操作性**
  - どこに何があるか直感的に把握可能
  - 少ないクリック数
  - 学生画面のプレビュー表示
- **授業をサポートする基本的な機能**
  - テストのランダム出題
  - レポートの一斉採点/剽窃チェック
  - 複数教員でのシェア
  - コンテンツの公開/非公開設定など
- **教員と学生のコミュニケーション手段**
  - 学生へのフィードバックの簡易化
  - チャット形式の気軽なやり取り
  - 授業を超えた気軽なやり取り
- **主体的な学びをサポートする機能**
  - 学生同士の資料共有
  - 学生自身が教員権限を持つコース設定可能
  - グループ学習への対応

このように学生や教員の目線でニーズを集めると、データの集約や可視化といった目的は優先されておらず、むしろLMSにおいても対面授業と同様の相互的なつながりが求められていることがわかります。また、教員にとっては、基本的な機能はも

ちろん重要ですが、何よりも操作がシンプルでわかりやすいことが求められており、必ずしも画期的で高機能な LMS を必要としているわけではないのです。

こうした点を踏まえると、システム選定の際に CX に立脚した検討がいかに重要かが明らかです。LMS に限らず、システム選定で失敗する要因の一つは、組織としての導入目的を優先するあまり、利用者のニーズを軽視してしまうことです。どんなに優れた機能があっても、利用者にとって便利で有益でなければ使われることはありません。

大学が LMS を通じてデータを蓄積し、教学 IR のために分析を進めたいのであれば、まずは学生と教員にとって有益な体験を提供するという観点から選定を進めるべきです。

② 教職協働での検討

CX に立脚した検討を進める上で、学生目線・教員目線でニーズを整理することは重要ですが、その視点は多くの場合「過去」や「現在」を向いています。例えば、「以前の LMS の使い勝手が悪かったから」や「今、学生とのコミュニケーションに苦労しているから」といった形で、学生や教員が抱える問題や体験は、過去や現在の課題に基づいています。しかし、追大が「次世代 LMS」と呼ぶこのシステムには、「将来」を見据えた視座が欠かせません。

その将来を考える際にも、重要なのは学生や教員の体験価値

に基づいて、「未来の教育」がどのようにあるべきか、そしてその未来の教育を LMS でどのように実現していくべきかが重要です。決して、単にデータを集め、分析を行うことが目的ではありません。

追大では、次世代 LMS の選定プロセスにおいて、未来の教育を考えるための教職協働ワークショップを開催しました。さまざまな学部から集まった教員と事務職員がチームを組み、未来の大学教育（授業）の在り方についてディスカッションし、その未来を実現するために LMS に必要な機能を提案するという作業を繰り返しました。

この教職協働での検討は、次世代 LMS に必要な機能を抽出するだけでなく、教員と職員が互いの考えを理解し合うという点でも非常に意義のあるものでした。DX のプロジェクトや取り組みは、システムやアプリケーションなどデジタルに関連するものですが、それを活用するのは「人」であり、DX は血の通ったものでなければなりません。教職員が共に未来を描き、次世代 LMS を自分事として捉え、協働して未来を創り上げていく過程こそが、成功への近道と言えるでしょう。

③ CX トータルシステムへの組み込み

追大では、CX の観点から学生や教職員にとって最も心地よい環境を提供することを重視し、それを「CX トータルシステム」として全体的に設計しています。この CX トータルシステ

第5章　DXを通じたCXの実現

ムは、「統合DB」「OIDAIアプリ」「次世代LMS」の3つを中核に据えた「教学DX三種の神器」として機能しており、これらの相互の連携が非常に重要です。

先に紹介した学生目線のニーズにもある通り、OIDAIアプリはすでに学生生活に欠かせないものとなっており、体験価値の向上には、アプリを基軸にLMSへのシームレスな遷移をSSO（シングルサインオン）によって実現できるかどうかが鍵となります。また、次世代LMSで取得されたデータを統合DBにスムーズに蓄積できるかどうかも重要なポイントです。学修成果や学修行動データを統合DBに集約することで、全体的なデータ管理が可能となるため、次世代LMSと統合DBの円滑な接続が技術的な側面でも検討されました。

さらに、CXトータルシステムの観点からは、次世代LMSが「国際標準規格」に対応しているかも重要です。日本のシステムや製品は企業ごとの独自仕様が多く、ガラパゴス化してしまうことが少なくありません。そのため、次世代LMSが国際標準規格に準拠していることは、将来的な互換性や拡張性を確保する上で不可欠です。

LMSに関わる国際標準規格の一つに「LTI (Learning Tools Interoperability) 連携」があります。LTIは、LMSと動画配信ツールや電子教科書などの教育ICTツールを相互連携させるための規格で、IMS Global Learning Consortiumによって策定されました。LTI準拠のツール同士であれば、別々のシステムでも一

つの LMS の中でシームレスに扱うことができ、利用者は一貫した体験を得ることができます。例えば、LMS 内で LTI 連携された動画配信ツールを利用する場合、改めてログインすることなく LMS から直接動画を視聴できるため、利便性が大きく向上します。

また、データの蓄積に関しても、国際標準規格である「xAPI (Experience API)」に対応しているかどうかが重要です。xAPI は、学修行動や学修成果といった学習体験データを統一的に蓄積する規格であり、LMS だけでなく対面授業や他の学修活動も含めたデータの管理が可能です。xAPI に準拠することで、LMS を変更してもデータの連続性が保たれ、経年の分析を継続して行うことができます。

このように、次世代 LMS を単体で考えるのではなく、「CX トータルシステム」として全体の仕組みの中でどのように機能させるかを俯瞰することが、教学 DX を成功させるために非常に重要なのです。

5.5. CX に立脚した教学 IR

OIDAI アプリや次世代 LMS は、学生の体験価値を向上させることを重視して設計・構築され、その使いやすさと機能性から、すでに学生生活に欠かせない存在となっています。そして、これらのシステムが使われれば使われるほど、統合 DB には多

くのデータが蓄積されていきます。

このデータを活用し、学生の体験価値をさらに向上させ、充実した学びの環境を構築するためのPDCAサイクルを回していくことが、CXに立脚した教学IRの目的です。

次に、追大がどのように統合DBに蓄積されたデータを活用し、教学IRを推進していったのかを見ていきましょう。

5.5.1. OTEMON－INSIGHTの構築

一般的に大学でのIRは、専任の部署や専門人材を配置して行うことが多く、これは文部科学省が2013年度から開始した「私立大学等改革総合支援事業」の影響が大きいと言えます。

この私立大学等改革総合支援事業は、「大学力」の向上のため、大学教育の質的転換や、特色を発揮して地域の発展を重層的に支える大学づくり、産業界や国内外の大学等と連携した教育研究など、私立大学等が組織的・体系的に取り組む大学改革の基盤充実を図るため、文部科学省が経常費・施設費・設備費を一体として重点的に支援するという新しいタイプの支援事業でした。

実態としては「私立大学等改革総合支援事業調査票」という文部科学省が設定した質問項目への回答内容をもとに点数化し、一定の点数以上の大学等が選定されるというもので、ある種の政策誘導的な事業であったと言えます。

この質問項目の中に、「大学等内にIRを専門で担当する部署を設置し、専任の教員又は専任の職員を配置していますか」という質問項目が存在しており、これは組織規程等でIR業務を行うことが定められている部署（会議体のみの場合を除く）に配置され、当該大学等のIR業務を担当している専任の教員等又は職員（IR担当教職員）が実施する取組に限定される形で2023年度まで継続している状況です。

　確かに、IR業務を担う専門部署や専門人材を配置することは重要ですが、IRは専門部署だけが行うものではなく、教育の質保証と改善のために教職員全員が関わるべきものです。カリキュラムや各部門の取り組みの改善には、現場を知る教職員がPDCAサイクルを通じて積極的に関与することが不可欠です。

　追大では、この考えに基づき、統合DBに蓄積されたデータを教職員が誰でも閲覧できるダッシュボード形式で提供する「OTEMON-INSIGHT」を構築しました。このOTEMON-INSIGHTでは、学生数や教員数、開講科目数などの基本データに加え、入試志願者数や就職率の推移といった分析データなど、2024年10月現在で16のテーマからなるダッシュボードが学内で公開されています。

　OTEMON-INSIGHTは、教職員が簡単にデータにアクセスし、日々の業務改善に役立てる「IRの民主化」を目指したものであり、IRを全学で実践する理念を体現しています。

第 5 章　DX を通じた CX の実現

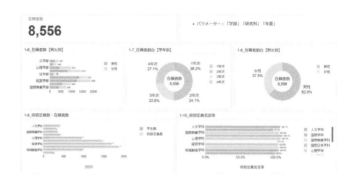

図 5-7　OTEMON-INSIGHT のダッシュボード画面

　この名称には、「洞察」「発見」「直感」を意味する「insight（インサイト）」が込められており、データの可視化や分析を通じて学生の隠れた動機や行動の根底にある要因を発見していく、その名の通り「インサイトを得る」という想いが反映されています。

　追大でこの OTEMON-INSIGHT を構築しているのは、必ずしも統計解析の専門家ではなく、DX プロジェクトに参加している若手・中堅職員です。彼らは SQL や統計解析ソフトを駆使し、データ分析を行っています。このような取り組みが可能なのは、2019 年から AI や機械学習も含むデータ分析研修を事務職員向けに実施し、若手・中堅職員が継続的にスキルを習得してきたためです。何より、自らの業務を改善し、より良い体験を学生

に提供したいという当事者意識の高さが、この取り組みを成功させています。

具体的な改善事例として、アプリによるお知らせ配信の改善が挙げられます。従来、学生への通知やイベント案内は学内掲示板や教務システムで配信していましたが、実際にどの程度の学生が通知を読んだかは把握できず、効果測定も行っていませんでした。

しかし、OTEMON-INSIGHT によって OIDAI アプリの利用状況が可視化された結果、1,000 人以上に配信したお知らせの既読率がわずか 10%程度、さらに対象を 10 名以下に絞ったピンポイントのお知らせでも既読率が 40%未満であることが判明しました。これにより、プロジェクトメンバーは「学生が本当に必要とする情報を届ける」という視点の重要性に気づき、関心の高い情報の選定やターゲット層の明確化、一斉配信から個別配信への切り替えなどの業務改善に取り組みました。

教学 IR として、LMS の利用状況と組み合わせた学修行動・成果の可視化・分析を通じてカリキュラムを改善する PDCA サイクルは、データが蓄積されてからが本格的なスタートとなります。しかし、追大において重要な視点は、IR を専門部署や専門人材に委ねるのではなく、教職員全員が IR 意識を持って取り組む「IR の民主化」にあると言えるでしょう。

第 5 章　DX を通じた CX の実現

5.5.2.　OIDAI ポートフォリオ「マイカルテ」の構築

　OTEMON-INSIGHT は、追大における「IR の民主化」を支える重要な機能ですが、主に教職員向けのものであり、教職員がこのインサイトをもとに学びの環境を改善することで、学生には間接的に影響を与えるものです。しかし、統合 DB に蓄積されたデータは学生のものであり、学生がこのデータに直接アクセスして活用できることで、さらに充実した学生生活を実現できるのではないでしょうか。IR が大学にとって「Institutional Research」であるならば、学生にとっては「Individual Research」であり、学生自身が自らの学修行動や成果データを参照しながら、主体的に成長していける環境が求められるのです。

　追大では、統合 DB に蓄積された情報を学生が直接参照し活用できるように、OIDAI アプリにポートフォリオ機能を実装しました。ポートフォリオという考え方は、教育分野でも 10 年以上前から提唱され、多くの大学で導入されていますが、学生にとって有効活用されていない場合が多いのが現状です。その理由の一つとして、従来のポートフォリオが成績や GPA などの情報にとどまり、学生にとって自己評価や振り返りの場としての機能が欠けていることが挙げられます。また、ポートフォリオの利用が学生にとってどのようなメリットをもたらすのかが十分に伝わっていないことも、利用されにくくなっている原因です。

追大では、この点に配慮し、学生が主体的に利用したくなるポートフォリオを構築するため、まず徹底的に「学生目線」に立って設計を進めました。このための手法として、CXデザイン局が設定した「ペルソナ」と呼ばれる4つの典型的な学生像を活用することとしました。ペルソナとは、年齢、性別、学習目的、興味関心、情報の受け取り方などを含めて、大学の学生像を典型的なユーザー像として具体的に設定したものです。これにより、ポートフォリオ設計の際に単なる一般論ではなく、具体的な学生像に対してアプローチすることが可能になります。

　さらに追大では、ペルソナを生成AIに学習させ、よりリアルな学生像である「AIペルソナ」を作成しました。この「AIペルソナ」は、追大の4つのペルソナ像に基づき、様々な学習行動や価値観を学習しており、質問を投げかけると各ペルソナの視点で具体的な意見や要望を返してくれます。

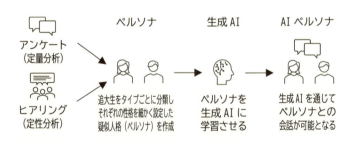

図 5-8　追大の AI ペルソナ

第 5 章　DX を通じた CX の実現

　例えば、ポートフォリオにどのような機能があれば学習意欲が向上するか、どのようなデザインが使いやすいかなどについて、AI ペルソナを通じて詳細にフィードバックを得ることができるのです。

　こうした AI ペルソナから得られた意見の中には、学生の学習進捗の可視化だけでなく、目標設定や達成度を追跡する機能、学習の進展に伴う小さな成功体験を積み重ねられるゲーミフィケーションの要素、友人や教員からフィードバックを得る機能などが含まれていました。実際の学生に対するヒアリングのみならず、AI ペルソナとの対話により、従来のポートフォリオでは見落とされがちだった学生視点のアイデアが多く引き出され、追大はこうした提案をもとに、学生にとって真に有益なポートフォリオを設計することができたのです。

　このポートフォリオを設計した若手・中堅職員のチームは、「伝統的なポートフォリオ」から脱却し、「利用者自身が作り上げていく新世代のポートフォリオ」を目指しました。そのため、単に情報を蓄積するだけでなく、学生自身が気づきを得ることができるポートフォリオであるべきだというコンセプトを打ち立てました。

　このコンセプトを具体化するにあたり、ポートフォリオの成長プロセスを整理するために「守破離」の概念を取り入れました。「守破離」は、芸道における修行の過程を示す概念であり、
　・「守」は、師の教えを忠実に守る基本の段階

・「破」は、自ら考え、工夫しながら成長する自立の段階
・「離」は、独自の世界観を確立する創造の段階

とされています。

この考え方をポートフォリオのフェーズとして応用すると、次のように整理できます。

> 守：従来の伝統的ポートフォリオの形で、成績や履修情報などの静的なデータを確認する段階
> 破：「守」をベースに、自ら工夫しながら学びを深め、主体的に記録・活用する段階
> 離：蓄積されたデータを活かし、独自の視点で自己分析し、自分だけのオリジナルな学習・成長カルテを形成する段階

このように、伝統的なポートフォリオを否定するのではなく、「守破離」の枠組みの中で、Z世代やα世代[14]の学生が求める新しいポートフォリオとの融合を導き出したことは、プロジェクトメンバーの検討の中でも特に優れた整理であったと言えます。

最終的に、このポートフォリオが学生にとって独創的でオリ

---

[14] Z世代は1990年代後半から2010年代初頭生まれ、デジタルネイティブでソーシャルメディアに精通した世代。α世代は2010年代以降生まれで、幼い頃からスマートフォンやタブレットに触れ、AIなどの最新技術に囲まれて育つ世代。

ジナルな「自己成長のカルテ」となることを願い、「マイカルテ」と名付けられました。

マイカルテは、統合 DB に蓄積されたデータを活用し、学生の自己成長を促す新しい学習環境です。追大は CX を重視し、学生の視点に立ったポートフォリオ設計を徹底するため、ペルソナ分析や AI 技術を最大限に活用しました。学生が自身の学びを振り返り、目標を設定し、達成に向けて主体的に行動できるよう設計されたマイカルテは、従来の成績表示を超えた自己成長のツールとして学生生活を豊かにし、学修者本位の教育を実現する役割を担っているといえます。

5.5.3. AI アカデミックアドバイザー構想

追大が進めてきたことは「IR の民主化」です。教学 IR を行うのは特定の専門部署や限られた専門人材のみではなく、組織に所属するすべての者が CX の観点から IR を実施することが必要です。そして IR を学生起点で捉えれば、「Individual Institute」として学生が自身の学習成果や成長過程を振り返り、より豊かで実りある学生生活を送れるよう支援することが大切です。

こうした観点から、追大は OTEMON-INSIGHT や OIDAI ポートフォリオ（マイカルテ）の開発を進めてきましたが、改めて統合 DB に蓄積されたデータは、学生にとって「最強の財産」と言えます。人生において、これほど詳細に自身の活動履歴が

蓄積される4年間は他になく、このデータをどのように活用するかが、教学DXの大きな鍵を握っています。この学生にとっての最強の財産を、さらにCXの観点から活用する方法、それがAIアカデミックアドバイザー構想です。

このAIアカデミックアドバイザーは、2020年の就任当初から追大の真銅学長が提唱していた構想です。もともと追大には学生1人1人に、1年次から担当教員がつき面談等を行うアカデミックアドバイザー制度が存在していました。真銅学長の構想は、学生に対する様々なアドバイスをAIで行うというものですが、決して教員によるアカデミックアドバイザー制度を廃止し、すべてをAIに切り替えるというものではありません。真銅学長の構想は、教員とAIをうまく組み合わせることで、人とAIの良さを相乗効果で引き出していくというものです。

このAIアカデミックアドバイザー構想では、大きく3つのアドバイスをAIが行うことが計画されています。これらアドバイスを通じて、統合DBに蓄積された情報の活用方法、さらには人とAIの役割分担などについて見ていきたいと思います。

① Feedback（フィードバック）

OIDAIアプリには、日々のTo-Doを入力する機能が備わっています。これは、その名の通り学生がレポートの期日やサークルの予定など、学生生活の様々なTo-Doを入力するものです。

一般的にアプリにおけるTo-Doとは「クリア（達成）すれば、

第 5 章　DX を通じた CX の実現

消えていくもの」です。しかしながら、本来の学校教育機関における To-Do とは、クリアのたびに教員や友人からフィードバックをもらい、その達成状況や方法を振り返るとともに、モチベーションを高めていくものではないでしょうか。

　OIDAI アプリにおいて、To-Do データは統合 DB に蓄積されています。この To-Do や履修授業などをもとに AI アカデミックアドバイザーが日々の体験や行動に対するフィードバックをしていくことができれば、学生は入力や達成についてのメリットを感じ、さらに To-Do を利用することで統合 DB のデータに厚みが増していくサイクルを期待することができます。

　このような AI アカデミックアドバイザーによるフィードバックと、教員によるフィードバックには、どのような違いがあるのでしょうか。追大では、日々の体験や行動に対するフィードバックや日々の気づきに対するフィードバックは、個々の教員が対応できる範囲を超えてフィードバックを提供し学生のモチベーションを喚起するものとして定義しています。

　すなわち、AI が行うフィードバックは 9,000 名もの学生に対するフィードバックであり、日々の体験や行動に対するポジティブな評価を通じて、学生に「気づき」と「モチベーション」を与えるものです。

　一方、教員によるフィードバックは、担当する学生に対するフィードバックであり、授業や研究など細やかな指導と交流を通じて、学生に「気づき」や「モチベーション」を超えた「信

頼」、「成長」などといった付加価値を備えたものです。

このように AI によるフィードバックと教員によるフィードバックは、どちらか一方というものではなく相互補完の関係にあることが分かります。

② Output（**アウトプット**）

次にアウトプットとは、統合 DB に蓄積された学生のあらゆるデータを活用し、自信の強み・弱みの整理を AI がアシストし、さらには強みの増幅と弱みの克服のための体験や行動の提案を行うものです。

統合 DB には、学生生活の様々なデータが蓄積されており、冒頭に述べた通り、学生にとっての「最強の財産」です。学生は就職活動のために、自らの強みや弱みを整理しますが、この整理には統合 DB に蓄積された様々なデータが活用できます。特に、日々の To-Do を蓄積すればするほど、学生は4年間の学生生活で何に力を入れてきたのか、どのような問題意識をもって歩んできたのかといったことが AI を通じて整理され、明らかにすることができます。

このように統合 DB のデータを活用して、AI がアウトプットの整理を行うことは、本人が忘れているような1年生の頃の出来事なども網羅することが可能であり、本人や教職員を超えた「整理のアシスト」を行うことができるのです。

一方で、この AI があることによって、教員や就職キャリアサ

ポートの職員が不要になるということは決してありません。統合 DB に蓄積されたデータだけでは決して知りうることのできない本人の性格や特長は、教職員でしか整理をアシストすることはできないのです。また、学生が抱える不安などについて表情や言動から気づき、寄り添うことができるのも、また教職員である人にしかできないものでしょう。このようにやはりアウトプットにおいても AI と人は相互補完関係にあると言えます。

③ Outcome（**アウトカム**）

最後に、アウトカムとは、統合 DB に蓄積されたデータをもとに、AI が将来の進路（業種・職種など）についてのアドバイスを行ったり、将来の進路に向けて必要となる体験や行動の提案を行うというものです。

これは学生の就職先を AI が決めてしまうというものではありません。あくまでも学生の「気づき」となる情報を提供し、学生の最初の一歩をアシストするというものです。

総務省と経済産業省による令和 3 年の経済センサスによれば、日本には約 178 万社の法人企業が存在するとされます。そのうち学生が就職活動で出会える企業は何社あるのでしょうか。学生が存在すら知らぬままに就職活動を終え、卒業していく企業の方が多いのが現状です。

このアウトカムは、そうした学生への「気づき」を与えることを目的としています。本来ならば出会うこともなかった選択

肢に気づき、自らの進路を考えるきっかけになることが求められています。

　以上の通り、追大の AI アカデミックアドバイザー構想では、フィードバック、アウトプット、アウトカムという3つのアドバイスを基軸としたものですが、いずれも学生の主体的な行動をアシストするものであり、統合 DB に蓄積された情報を直接的に学生のために還元することが可能です。

　そして教職員（人）と AI の二者択一ではなく、相互補完関係で学生を支援していくことが明確に示されていることは、AI 活用のポリシーとしても重要なことだと言えるでしょう。

　追大の統合 DB と生成 AI を組み合わせれば、学生は就職したい企業のエントリーシートやガクチカ（学生時代に力を入れたこと）の作文を AI に書かせたりすることも可能です。しかし、追大のポリシーは、CX の観点から学生の主体的な行動をアシストし、学修者本位の教育への転換を実質化していくことです。

　生成 AI の登場によって、様々なことが可能になった今だからこそ、追大のように明確な目的をもって AI 活用を進めていくことが重要なのです。

5.6. 大学における生成 AI 活用の留意点と可能性

　近年、生成 AI は急速に進化し、日常生活のあらゆるところで

第 5 章　DX を通じた CX の実現

生成 AI が活用されるようになりました。

　例えば、映画やテレビ番組などを配信する動画配信サイトでは、視聴履歴から個々人の嗜好に合う映画やドラマを生成 AI が提案したり、動画の字幕生成や吹き替えの自動翻訳を行ったりしています。また、インターネット上のショッピングサイト（EC サイト）でも、AI による商品レビューの要約などが行われるなど、表面的には気づきにくいですが、裏側では生成 AI が動いており、ユーザーにとって最適な体験を提供する役割を担っています。

　しかし、生成 AI は決して万能ではなく、誤情報（ハルシネーション）を生成するリスクや、学習データに基づくバイアスの影響を受ける可能性があります。

　特に大学においては、「生成 AI が学生に間違った情報を提供するかもしれない」という懸念から、生成 AI 活用に消極的なケースも見られます。ですが、これは極めて大きな機会損失の判断と言えるでしょう。

　生成 AI には、その不完全性を上回る創造性、利便性、そして生産性向上の可能性 があります。生成 AI の不完全性を理由に導入を避けるのではなく、その特性を理解し、活用の仕組みを整えることこそが、教学 DX において生成 AI を活用するためのアプローチです。

　次節以降、大学における生成 AI 活用の留意点と可能性について言及したいと思います。

5.6.1. 生成 AI 活用における主な課題

生成 AI を有効に活用するためには、以下の 3 つの課題について適切な対策を講じる必要があります。

① ハルシネーション（誤情報の生成）

生成 AI は、大量のデータをもとにパターンを学習し、もっともらしい回答を提示します。しかし、その回答が必ずしも事実に基づくものとは限りません。時には、根拠のない情報を自信満々に提示することもあり、これが「ハルシネーション」と呼ばれる現象です。

この問題を最小限に抑えるためには、以下のような対策が必要です。

- 信頼できるデータソースの活用：生成 AI が回答を生成する際、大学が責任をもって収集した統合 DB などの正確な情報源を活用できる仕組みを整える。
- 定期的なレビュー：AI の出力結果を教職員が定期的に確認し、誤った情報の修正・フィードバックを行う。

② バイアスの影響

AI は学習データに基づいて回答を生成するため、データに偏りがあると、特定の価値観や考え方に基づいた回答を出してし

まう可能性があります。例えば、特定の性別や文化的背景に基づく偏見が含まれてしまうリスクもあります。

この課題を克服するためには、以下のような工夫が必要です。

- 多様なデータの活用：異なる視点を持つデータをバランスよく学習させることで、AI のバイアスを軽減する。
- 人間による監視と調整：AI の出力内容をチェックし、不適切な内容がないか継続的に評価・改善する仕組みを整える。

③ AI の限界と補完関係

AI はデータをもとに「客観的な分析」を行うことは得意ですが、「感情」や「個々の事情」を考慮することは苦手です。例えば、学生が抱える悩みやモチベーションの低下を、データだけで正確に判断することは困難です。

そのため、AI にすべてを任せるのではなく、教職員と AI が相互補完の関係を築くことが重要です。例えば、AI が学生に対して日々の学習習慣についてアドバイスを行い、それに基づいて教員が個別にフォローアップを行うなど、適切な役割分担が求められます。

5.6.2. 大学における AI 活用のための 3 つの視点

大学で AI を導入・活用するにあたっては、前述の課題に配慮

することに加え、以下の3つの視点が欠かせません。

① 倫理的な配慮

AIが生成するアドバイスやフィードバックの中に、無意識の差別や偏見が含まれる可能性があります。例えば、特定の属性の学生に対して不適切なアドバイスを与えるリスクがあるため、倫理的な視点からの管理が必要です。

対策としては、以下のような施策が考えられます。

- 倫理ガイドラインの策定：AIの活用に関する倫理的な基準を明確にし、開発・運用に組み込む。
- 公平性チェック：AIの出力が特定のグループに偏らないよう、定期的に評価する。

② 安全性と監視体制

AIは学習を重ねることで精度を向上させることができますが、誤った情報や不適切な回答を生成し続けるリスクもあります。そのため、安全性を確保するための監視体制が不可欠です。

安全性を確保するためには、以下のような仕組みが必要です。

- 定期的なレビュー：AIの出力を定期的にチェックし、誤った情報の修正を行う。
- プライバシー保護：学生の個人データを適切に管理し、外部に流出しないよう厳格な管理体制を構築する。

第 5 章　DX を通じた CX の実現

③ ユーザー教育とリテラシー向上

AI を活用する上で最も重要なのは、それを利用する側のリテラシーです。AI の特性や限界を理解せずに利用すると、誤情報をそのまま受け入れたり、適切に活用できなかったりするリスクが生じます。

そのため、以下のような教育が求められます。

- 教職員および学生向けの AI リテラシー教育：AI の基本的な仕組みや限界を理解し、適切に活用できるスキルを身につける。
- AI との対話力の向上：適切なプロンプト設計や、AI の回答を批判的に評価するスキルを養う。

5.6.3. 大学で生成 AI を活用すべき理由

生成 AI には課題があることは確かですが、それを理由に活用を避けるのは、大学にとって大きな機会損失となります。生成 AI を適切に活用することで、学生支援の新たな形を創造し、学修者本位の教育を推進することが可能になります。

追大では、生成 AI を単なる業務効率化の手段ではなく、「学生の成長を支援するパートナー」として位置付けています。追大の AI アカデミックアドバイザーも、AI が教職員に取って代わる存在ではなく、それぞれの特長を活かした役割分担であり、

相互補完の関係にあると言えます。

　生成 AI の本質は、「すべての答えを提供する」ことではなく、「学生がより良い決断を下せるようサポートする」ことにあります。AI が持つ情報処理能力と、教職員の人間的なサポートが組み合わさることで、これまでにない新しい教育の形を実現することができるのです。

　大学が AI 活用に慎重になるのは当然ですが、課題を理解した上で適切に導入し、その可能性を最大限に引き出すことこそが、教育機関の DX における最も重要な使命なのではないでしょうか。

5.7. DX 推進における外部リソースの適切な活用

　DX の推進に関わる技術やノウハウは日進月歩であり、大学内部の知見やリソースだけでは、最新の動向に対応し続けることは容易ではありません。

　だからこそ、外部の専門家や開発パートナーといった適切な外部リソースを活用し、技術的な側面だけでなく、DX の戦略策定や実行支援を含めた包括的なサポートを得ることも DX 推進のためには重要なことだと言えます。

　しかし、単に外部リソースを活用すれば良いというわけではなく、その選定や運用の方法によって、DX の成否が大きく左右されることも事実です。追大では、CX トータルシステムの構

第 5 章　DX を通じた CX の実現

築に際し、外部の専門家と協働しながらプロジェクトを推進しましたが、その経験から得た知見を、DX 推進における外部リソース活用のポイントとして整理したいと思います。

5.7.1. 専門性と実践力

　DX 推進において、外部パートナーの技術力や人員体制がしっかりしていることは大前提です。特に DX に係る技術の進展は日進月歩であり、継続的な技術的発展に対応することができている外部の専門家を、実績などを勘案しながら選定することが重要だと言えます。

　また、この DX に係る領域は、非常に人材流動性が高いことも特徴です。高度な知見や技術力、卓越した実績を有する人材は、かなりのスピードと頻度で転職をしてしまいプロジェクトの途中で専門家人材が離脱してしまうということは少なくありません。そうした人材流動性の高さを踏まえると、パートナーとなる企業が人材獲得に強いかどうか、また人材の層の厚さなどを見極める必要があると言えるでしょう。

　そして、大学の DX は、民間企業の DX とは異なり、単なる業務効率化にとどまらず、教育の高度化や学修者本位の学びの実現といった視点が求められるため、高度な専門性と実践力を持つパートナーを選ぶ必要があります。

　追大では、DX の構想段階から外部の専門家と連携し、戦略

策定への支援だけでなく、実際のシステム開発までを一体的に進める体制を整えました。単なるコンサルティングにとどまらず、具体的なソリューションを提供できるパートナーと連携することで、計画と実行が乖離することなく、アジャイルな開発を重視しました。

専門性が高く、非常に有意義なアドバイスやコンサルティングをしてくれたとしても、それを実現できなければ意味がありません。外部リソースを選定する際には、専門性と実践力を兼ね備えているかどうかは非常に重要だと言えるでしょう。

5.7.2. 大学ビジョンに対する理解と共感

追大では、DXの軸にCXを据え、学生や教職員の体験価値を向上させることを最優先に考えてきました。そのため、単なる技術導入ではなく、利用者の視点に立ったUI/UX設計や、教育機関としての理念を反映できるかどうかが、開発パートナー選定において極めて重要な要素となりました。

DXは単なる業務効率化ではなく、大学の教育・運営のあり方そのものを変革する取り組みです。そのため、外部パートナーが技術的に優れているだけでは不十分であり、大学のビジョンや教育の本質を深く理解し、それを共に形にしていく姿勢が求められます。追大では、CXの視点を持ち、柔軟に対応できる開発パートナーと連携することで、単なるデジタル化にとどま

らず、学修者本位のDXを実現し、真に価値ある変革を推進してきました。

大学のDX推進において、外部パートナーの役割は「技術提供者」にとどまりません。大学のビジョンに共感し、共に創り上げる「伴走者」としての姿勢を持ってもらえるかどうかが、DXの成功に向けた鍵となるのです。

5.7.3. 大学側の明確な方針の確立

前述の通り、大学のDX推進において、外部パートナーが単なる技術提供者ではなく、大学のビジョンに共感し、共に創り上げる「伴走者」としての役割を担えるかどうかは極めて重要です。しかし、それと同時に、大学側が自らの明確な方針を持たずに外部パートナーを選定してしまうと、DXは本来の目的を見失い、成果が伴わないまま高額なコストだけが発生するというリスクを抱えることになります。

DXの本質は、単なるシステム導入ではなく、大学の教育・運営のあり方そのものを変革することにあります。しかし、大学側が自らの方向性を明確にしないまま外部の提案に依存してしまうと、DXの目的が曖昧になり、結果として「技術導入ありき」のプロジェクトになりかねません。特に大学DXは、企業のDXとは異なり、学修者本位の視点や教育機関としての独自性を反映することが不可欠です。そのためには、外部リソース

を活用する前に、大学としての方針を明確に定めることが必要なのです。

　追大では、DX の基本コンセプトや CX トータルシステムの方向性を、学内で議論を重ねた上で策定し、その実現手段として外部リソースを活用するというアプローチを徹底しました。この方針により、外部パートナーとの関係性は、単なる委託・受託の関係ではなく、大学のビジョンをより効果的に実現するための「協働」という形に進化しました。外部の専門知識を取り入れることで、自らの構想をブラッシュアップし、より実効性の高い施策へと昇華することができたのです。

　このように、DX を成功させるためには、外部リソースを活用する前に、大学として「何を目指すのか」、「どのような価値を生み出したいのか」という基本方針を明確にすることが不可欠です。その上で、外部パートナーの専門性を活かしながら、自らのビジョンを具体化していく。この姿勢こそが、DX を大学で推進していくために重要なことだと言えます。

5.7.4. 費用対効果の測定

　DX 投資は、ICT 投資とは異なり、単なるコスト削減を目的としたものではありません。そのため、DX の費用対効果を評価する際には、単純な短期的コストダウンの観点ではなく、「未来への成長投資」としての視点を持つことが不可欠です。

第5章　DXを通じたCXの実現

　追大では、CXトータルシステムの導入を通じて、業務の効率化だけでなく、学生の学びの質の向上や、データドリブンな教育環境の実現を目指してきました。これらの施策は、短期的な収益向上やコスト削減には直結しないかもしれません。しかし、長期的に見れば、大学のブランド価値の向上、教育の高度化、学生の満足度向上といった無形資産の形成に大きく寄与するものです。このような視点を持つことで、DX投資の本質を見失わずに済み、持続的な改革の推進が可能となります。

　また、DX投資においては、高度専門人材をピンポイントで活用できること自体が、極めて大きな費用対効果を生むという点も見逃せません。追大のシステム部門は、専任職員がわずか3名という極めて限られたリソースの中で、大学全体のDXを推進してきました。これは、単に少人数で業務を遂行したという話ではなく、必要な技術や知見を明確にし、その時々のプロジェクトフェーズに応じて適切な専門家を外部リソースからアサインすることで、最高のパフォーマンスを発揮したことにあります。

　大学が高度な専門人材を内部で確保し続けることは、現実的に非常に困難です。DX推進に必要な技術は日進月歩であり、限られた職員だけで最新の知見を維持することは難しく、また、大学における採用・人事制度の制約上、民間での需要も高い高度DX専門人材を内部に継続的に雇用することは容易ではありません。そのため、追大では、必要な時に、必要な技術・知識

を持つ専門人材を柔軟に活用するという戦略をとりました。これにより、人材不足を補うだけでなく、むしろプロジェクトの成功確率を大幅に高めることができたのです。

このように、DX における外部リソース活用の費用対効果の測定は、単にコスト削減の視点だけではなく、「未来への成長投資」としての価値、そして、専門人材の活用による組織の機動力向上という観点を組み合わせて考える必要があります。追大の事例が示すように、外部リソースの適切な活用によって、限られた内部リソースの中でも DX を成功に導くことが可能であり、その効果は単なるコスト計算では測りきれないほど大きなものとなるのです。

5.7.5. 外部パートナーとの信頼関係

DX 推進において、外部パートナーとの信頼関係は非常に重要です。単なる発注者・受託者の関係ではなく、「**ワンチーム**」として協働できるかどうかが、プロジェクトの成否を大きく左右します。追大では、外部パートナーとの議論を重ね、技術的な支援を超えて、大学のビジョンに共感し、共に歩んでくれるパートナーを選定しました。その結果、単なるシステム導入ではなく、DX が大学の文化として根付き、持続的な変革へと繋がる取り組みを推進することができました。

特に、追大が採用した外部パートナーは、単なる技術提供者

第5章　DXを通じたCXの実現

ではなく、「追大が何を目指すのか」、「学生は何を求めているのか」といった根本的な問いから議論を重ね、大学のビジョンを深く理解しようと全力を尽くしてくれました。打ち合わせは、単なるシステム開発や DX 導入に関するものにとどまらず、「CX を基軸とした DX とは何か」、「追大が学生のために提供すべき価値とは何か」といった本質的な対話を繰り返しながら、共に方向性を模索していきました。

　また、こうした外部パートナーとの関係は、大学の DX 推進にとどまらず、プロジェクトに参加した若手・中堅職員の成長にも大きな影響を与えました。彼らは、外部パートナーのプロフェッショナルな仕事の進め方や、戦略的な思考、データを活用した意思決定のプロセスなど、日々の業務では得られない視点を学びました。これは、追大の DX 推進において、単なる業務効率化ではなく、組織全体のスキル向上とマインドセットの変革にも寄与する貴重な経験となりました。

　DX は、システムを導入すれば終わるものではなく、大学の文化として根付き、持続的な改革を実現することが重要です。そのためには、外部パートナーを単なる請負業者として扱うのではなく、共に大学の未来を創る「ワンチーム」としての意識を持ち、信頼関係を築くことが必要不可欠なのです。

第6章　DXを通じた大学業務改革

　前章では、追手門学院大学が取り組んできた「DXを通じたCXの実現」について、主に学生や教職員といった「利用者」の視点からその成果を紹介しました。しかし、DXの本質は「利用者の利便性向上」だけにとどまりません。それは、私たち職員の仕事の進め方や役割、さらには「仕事の意義」そのものを問い直し、組織全体に変革をもたらす力を秘めています。

　本章では、職員の視点に立ち、DXが大学業務にどのような変化をもたらしたのかを掘り下げていきます。また、ICT（情報通信技術）とDX（デジタル・トランスフォーメーション）の違いを整理し、DXが私たちの働き方をどのように進化させ、新たな価値を生み出しているのかを具体的に考察していきます。

6.1. ICTとDXの違い

　ICT（情報通信技術: Information and Communication Technology）とDX（デジタル・トランスフォーメーション: Digital Transformation）は、一見似ているようで、実際には異なる概念です。

第 6 章　DX を通じた大学業務改革

　ICT は、デジタル化された情報を効率的に処理・伝達するための技術を指します。コンピュータ、ネットワーク、ソフトウェア、クラウドサービスなど、ICT にはさまざまな技術が含まれ、その目的は主に「効率化」や「利便性の向上」です。例えば、大学で導入が進むチャットシステムは、これまで口頭で行っていたアナログのやり取りをテキストベースのデジタル形式に置き換えることで、業務効率化を実現する ICT の代表例と言えるでしょう。大学においてもデジタル化の波は十分に及んでおり、様々な点で ICT 化が進んでいると言えます。

　一方で、DX は単なる ICT の活用ではありません。DX は、ICT 等のデジタル技術を活用し、業務や組織の在り方、さらにはビジネスモデルそのものを根本から変革し、新たな価値を創出することを目的としています。これは、単なる「デジタル化」を超えた次元の取り組みであり、イノベーションの創出を伴う変革そのものです。

　ICT と DX の違いを明確にするために、第 1 章で紹介されたデジタイゼーションとデジタライゼーションというキーワードも振り返りつつ確認しましょう。

　表 6-1 にある通り、デジタイゼーションとはアナログデータをデジタルデータに変換する取り組みであり、紙で管理していた学籍や成績、出席簿などをデジタル化し、システム上で記録・保存することを指します。デジタイゼーションは単純な電子化ですが、DX への入口と言える段階です。

表6-1 デジタイゼーション・デジタライゼーション・DX

概念	定義	例	目的・効果
Digitization（デジタイゼーション）	アナログデータをデジタルデータに変換する取り組み	紙で管理していた学籍や成績、出席簿などをデジタル化し、システム上で記録・保存する	情報の保存性・検索性向上、管理作業の効率化
Digitalization（デジタライゼーション）	ICT等のデジタル技術を利用して業務プロセスやサービスを効率化・改善する取り組み	履修登録をオンラインシステムで完結できるようにし、学生がルールに基づいて適切な科目を選べるよう支援する	管理業務の効率化、学生の利便性向上、ヒューマンエラーの削減
DX（デジタル・トランスフォーメーション）	ICT等のデジタル技術を活用してビジネスモデルや組織全体を革新し、新たな価値を創出する取り組み	統合DBに蓄積されたデータをもとに、学生個々人に適した学び方を選択できるようにするなど、従来の画一的なカリキュラムから個別最適化された学びに変革	大学全体の競争力強化、学生の学びや経験の質向上、持続的成長と新たな価値の創出

第 6 章　DX を通じた大学業務改革

　これに対して、デジタライゼーションは ICT 等のデジタル技術を利用して、業務プロセスやサービスを効率化・改善する取り組みであり、デジタイゼーションの単純な電子化を超えて、仕事のやり方をデジタルの力によって効率化していくことを指します。多くの大学で教務システムを導入し、履修登録などをシステム上で完結させる仕組みを構築していることはデジタライゼーションの一例であると言えるでしょう。こうしたデジタライゼーションによって、もたらされる効果は、業務の効率化や利便性向上、ヒューマンエラーの削減といったものであり、多くの大学は既にデジタライゼーションに取り組み、その恩恵を享受しているのではないでしょうか。

　一方、DX は、デジタイゼーションやデジタライゼーションを前提としながらも、その延長線上には存在しない、まったく次元の異なるものです。DX は、ICT 等のデジタル技術を活用して、業務や組織の在り方、さらにはビジネスモデルそのものを変革し、新たな価値を創出する取り組みです。単なるデジタル化を超えて、まったく別個の価値を生み出すイノベーションの創出こそが DX だといえるでしょう。

　このように、デジタライゼーションの延長線上に DX は存在せず、まったく次元の異なるものですが、両者は ICT 等のデジタル技術を用いるという点で共通しています。

　こうしたデジタライゼーションという概念や、ICT を用いるという点がデジタライゼーションと DX に共通していることで、

日本の大学では往々にしてDXにまつわる勘違いが起きています。

すなわち組織でDXに取り組もうとするとき、DXではなくデジタライゼーションを目指したり、DX投資ではなくICT投資をしたりするということです。

前述の通り、DXはICT等のデジタル技術を活用しますが、DXそのものがICTと同じものではありません。しかし、この違いが十分に認識されず、両者が混同されることがよくあります。

ICTは技術そのものに焦点をあてたものですが、DXはICT等の技術を手段として、業務や組織の変革に焦点をあてています。それゆえ活用の目的も、ICTは業務プロセスの効率化や自動化を行い、コスト削減や作業の簡略化にとどまるところ、DXではビジネスモデルや顧客接点の変革を通じて、新しい価値を創造することを目的としています。

また、時間軸と影響範囲についても、ICTでは短期的な成果が期待され、影響範囲も特定のプロセスやタスクに限定されるところ、DXでは成果の創出までに時間を要する一方で、組織全体や業界全体に影響を与える成果が期待されるのです。

このようにICTとDXは明確に異なるものです。しかしながら、ICTはDXの基盤となるものであり、DXはICTを活用することで実現される大きな変革と言えるでしょう。

第 6 章　DX を通じた大学業務改革

表 6-2　ICT と DX の整理

	ICT	DX
対象の範囲	技術そのものに焦点 例：チャットシステム 　　クラウドシステム	ICT 等の技術を手段として、業務や組織の変革に焦点 例：組織文化や働き方の変革、体験価値（CX）の向上
活用の目的	業務プロセスの効率化や自動化を行い、コスト削減や作業を簡略化	ビジネスモデルや顧客接点の変革を通じて、新しい価値を創造
時間軸	短期的な成果が期待される	中長期的な成果が期待される
影響範囲	特定のプロセスやタスクに影響	組織全体や業界全体に影響

6.2.　追手門学院大学における ICT 整備

　追大でも、他大学と同様に教学と経営の両側面から ICT 整備が進められてきました。成績や履修を管理する教務システム、財務会計システム、人事給与システムといった多くの大学で一般的に利用されているシステムは、追大でも導入が進んでいます。ここでは、追大における特色ある ICT 整備の事例をいくつか紹介します。

① 電子決裁システム（2016 年導入）

　追大では、2016 年に電子決裁システムを導入し、いわゆる稟

議決裁が紙から完全に電子化されました。このシステムは、一般的な稟議決裁だけでなく、「申請」、「ルート設定」、「承認」という3つの基本要素で構成され、幅広い申請・承認業務に活用されています。

　私たちの仕事の多くは「申請」と「承認」によって成り立っています。例えば、休暇申請、出張申請、物品調達など、あらゆる業務がこの仕組みの中に含まれます。電子決裁システムを導入したことで、これまで紙や口頭、メールで行われていた申請や承認がシステム上で完結し、記録として残せるようになりました。

　追大では現在、稟議決裁はもちろん、議事録の確認や承認など、多様な業務にこのシステムが活用されています。例えば、議事録を確定するための承認作業は、これまで電話やメールで個別に確認を取っていましたが、電子決裁システムを使うことで、参加者全員をルート設定し、システム上で承認を得るだけで確定作業が完了します。これにより、業務のスピードが大幅に向上しました。

　さらに、このシステムは学外からでもアクセス可能であり、申請の進捗状況もリアルタイムで確認できます。申請者にとっては、どこで申請が止まっているかを把握でき、承認者にとっても業務が効率化される仕組みとなっています。

　2023年3月31日時点、追大では稟議決裁のみならず217件の申請書が電子申請可能となっています。この電子決裁システ

ムで、2022 年度は 19,090 件の申請書類の承認が実施されるなど、追大における様々な申請や承認という基幹業務にとって、このシステムはなくてはならない存在となっています。

　余談ですが、この電子決裁システムには、申請者や承認者が操作を行うと、赤い「承認印」の画像が表示される仕組みがあります。システム的には、操作のタイムスタンプが記録されれば十分ですが、あえて印鑑の画像を追加したのは、電子化に抵抗を感じる教職員への配慮からだと言います。新しい仕組みに対する抵抗は自然なものですが、こうした心理的な壁に寄り添いながら導入を進めた結果、システムが円滑に定着しました。このようなことも、意外とシステムを円滑に組織へ馴染ませる秘訣なのかもしれません。

② グループウェア（2018 年導入）

　追大では、職員間の業務効率化やコミュニケーションの円滑化を目的に、2018 年にグループウェアを全学で導入しました。このグループウェアは、スケジュール管理や会議室予約、情報共有機能を備えた統合的なポータルシステムであり、全教職員が日常的に利用しています。

　特に注目すべきは、シングルサインオン (SSO) の仕組みを活用している点です。SSO とは、一度のログインで複数のシステムにアクセスできる仕組みを指します。これにより、職員はグループウェアにログインするだけで、業務に必要なツールにシ

ームレスにアクセスすることが可能です。これまで、システムごとに異なる ID やパスワードを管理する手間が生じていたところ、SSO の導入によって利便性が大幅に向上しました。

　また、このグループウェアは、全員が共通のプラットフォームを利用することで、組織全体の情報共有を円滑にする役割も果たしています。例えば、スケジュール機能では、職員一人ひとりの予定を把握することができ、会議設定や業務調整がスムーズに行えるようになりました。また、会議室予約機能を活用することで、物理的なリソースの管理も効率化されています。

　グループウェアの導入は、追大の働き方改革を後押しする重要な要素になっています。特に、テレワークやフリーアドレスの環境下において、教職員がどこにいてもスムーズに業務を遂行できるよう支える基盤として機能しています。このように、グループウェアは単なる便利なツールにとどまらず、職員の働き方を変革する要となっているのです。

③ チャット・オンライン会議システム（2019 年）

　追大では、2019 年にチャットシステムおよびオンライン会議システムを導入しました。これらのシステムは、職員間のコミュニケーションの円滑化と効率化をもたらし、時間や場所にとらわれない働き方を可能にする基盤を提供しています。

　従来、職員間のやり取りは主に電話や電子メールを通じて行われていましたが、これにはいくつかの課題がありました。電

第6章　DXを通じた大学業務改革

話では相手が不在の場合に応答を待つ必要があり、メールでは形式的な文章作成や返信の遅れが発生することもありました。チャットの導入により、リアルタイムで簡潔に情報を伝えることが可能となり、意思決定のスピードが向上しました。また、チャットには会話履歴が残るため、過去のやり取りを容易に振り返ることができるようになり、情報の蓄積と再利用が進みました。

　また、オンライン会議システムの活用により、対面での会議からオンライン形式への移行が進みました。これにより、物理的な移動が不要となり、特に複数キャンパス間での会議においては移動時間の削減という大きなメリットが得られました。また、オンライン会議では、参加者のスケジュール調整が容易になり、録画機能を活用することで欠席者への情報共有が迅速に行えるようになりました。

　このように業務の効率化や生産性の向上にメリットを感じる一方で、職員の中には新しい環境に対して戸惑いや抵抗を感じる人も少なくありませんでした。特に電話や対面のコミュニケーションに慣れ親しんだ世代からは、「チャットでは細かいニュアンスが伝わらない」、「電話の方が早い」という意見が多く寄せられました。また、オンライン会議においては、「相手の表情や会議の温度感がわからない」といった心理的なハードルも指摘されました。こうした問題は、社会全体でも一般的に見られるものであり、ICTの進展に伴う課題の一つといえるでしょう。

こうした課題に対して、追大ではいくつかの対応策を講じました。まず、全職員を対象にした操作方法の説明会を実施し、基本的な使い方を丁寧に説明しました。特に不安を感じやすい職員に対しては、職員同士で気軽に質問するピアサポートの環境を整えました。また、チャットやオンライン会議を用いるメリットを繰り返し共有することで、導入の意義を理解してもらう努力を続けました。

　さらに、「慣れ」が大きな要素であることを考慮し、実際の業務の中で段階的に新しいツールを使う機会を増やしました。例えば、常任理事会をはじめとする重要会議をオンライン化し、全学的に「オンライン会議を当たり前に利用する」という雰囲気を打ち出し、慣れた職員が進行役となることで、初めての参加者でも安心して利用できる環境を作りました。また、オンライン会議の初めに雑談の時間を設けるなど、会議の温度感を感じやすくする工夫も取り入れました。

　こうした取り組みを通じて、徐々にチャットやオンライン会議の利用が浸透していきました。現在では、これらのツールが業務の一部として定着し、多くの職員がその利便性を実感しています。

④ リモートアクセス（2020 年導入）

　追大では、2020 年に職員が自宅から職場の PC に遠隔で接続できるリモートアクセスの仕組みを導入しました。この仕組み

は、職場の PC 画面を自宅 PC 上に表示し、直接操作を可能にするもので、自宅 PC に職場のデータを保存することはできません。あくまで職場 PC の操作を遠隔で行う形態をとることで、セキュリティを重視しながらも柔軟な働き方を実現しています。

リモートアクセスでは、すべてのデータが職場 PC 内で管理され、自宅 PC にはデータが一切保存されないため、情報漏洩のリスクが大幅に低減されます。この仕組みは、大学業務で扱う個人情報や重要書類の安全性を確保する上で、特に有用です。また、通信の暗号化といった高度なセキュリティ対策も施されており、職員が安心して業務に取り組むことができる環境を提供しています。

こうしたリモートアクセスの導入により、職員は自宅や出張先など、職場以外の場所からも業務を遂行できるようになりました。これにより、突発的な業務や緊急対応が必要な場合にも、時間や場所に縛られることなく迅速な対応が可能となりました。また、育児や介護など家庭の事情を抱える職員にとっても、通勤時間を削減しながら効率的に働ける環境が整備されました。

⑤ サーバの完全クラウド化（2021 年導入）

2021 年、追大は教育系および事務系を含む学内のすべてのサーバを完全にクラウド環境へ移行しました。この取り組みは、大学が独自でサーバを保有・管理するオンプレミス環境で運用されていた従来のサーバをすべて統廃合し、クラウドに置き換

えるもので、大学業務の効率化と安全性向上を目的とした ICT 投資の一環として実施されました。

クラウド環境への移行により、追大はこれまでオンプレミスでは実現しにくかった多くのメリットを享受することができました。まず、セキュリティの向上が挙げられます。クラウド環境では、専用のセキュリティ対策が常に最新の状態に保たれており、個別にサーバを運用するよりも安全性が大幅に向上しました。不正アクセスや情報漏洩のリスクが軽減され、安心してシステムを運用することが可能となりました。

また、クラウドは拡張性に優れており、学生数やシステム利用量の増加に伴い、必要なサーバ容量を柔軟に拡張することができます。これにより、需要の急激な変化にも迅速に対応でき、システム全体の安定性を維持することができました。さらに、クラウド環境は、物理的なサーバ障害や災害発生時にもデータが安全に保管され、迅速な復旧が可能であるため、BCP（事業継続計画：Business Continuity Plan）の観点でも大きな強みを発揮しています。

ICT 投資としてのクラウド化は、設備や運用コストの効率化だけでなく、管理体制の簡素化や安全性の強化に直結します。オンプレミス環境では、サーバの設置や運用にかかる管理負担が大きく、ハードウェアの老朽化や更新のたびに多大なコストが発生していました。しかし、クラウド化によってこれらの課題を解消し、効率的で安定したシステム運用が実現しました。

一方で、クラウド化のメリットを最大限に活用するためには、クラウド利用に伴うコスト管理や、システムの利用状況を定期的に評価・改善していくことが重要です。また、クラウドベンダーと連携し、常に最新の技術を活用できる体制を維持することも、今後のICT投資における課題となります。

6.3. 追手門学院大学におけるICT整備の成果と課題

もともと追大では、2019年に、2025年度から新たなキャンパスへ事務機能を移転させる計画が決定し、完全フリーアドレス環境の導入を目指していました。フリーアドレス環境では、職員が部署ごとに固定席を持たず、その日の業務内容や状況に応じて働く場所を自由に選べる仕組みが求められます。このような柔軟な働き方を実現するには、物理的な距離を超えて部下や同僚との円滑なコミュニケーションを確保するためのICT基盤が不可欠でした。

こうした計画のもと進められてきたICT整備は、2020年から始まったコロナ禍において、その真価を発揮しました。2020年4月の緊急事態宣言下、多くの職員が在宅勤務を余儀なくされる中、リモートアクセスやオンライン会議システム、チャットツールなどのICT環境を活用することで、追大の業務は中断することなく継続されました。職員は自宅から職場のPCに安全にアクセスし、通常通りの業務を遂行することが可能となった

のです。

　多くの大学が緊急事態宣言を受け、教育研究活動を一時的に中断せざるを得なかった中、追大は ICT 整備の進展により、教育研究活動を継続できた点は大きな成果と言えるでしょう。特に、職員間のコミュニケーションは、チャットツールやオンライン会議システムの導入によって円滑化され、業務効率の維持に大きく寄与しました。これにより、教育研究活動だけでなく、事務業務も安定的に運営されました。

　さらに、コロナ禍は、ICT 環境に対する理事や職員の認識を大きく変える契機ともなりました。当初、システム導入に抵抗を示していた一部の理事や職員も、実際にこれらのツールを活用する中でその利便性を実感し、ICT ツールを「当たり前のもの」として受け入れるようになりました。特に、テレワークやフリーアドレスに対する心理的ハードルが下がり、組織としての柔軟性が高まったことは、重要な成果の一つと言えるでしょう。

　こうした ICT 整備の成果は、業務効率化や柔軟な働き方の基盤となり、組織全体の生産性向上に寄与しています。一方で、これらの取り組みが DX に直結するかという点では、さらなる検討が必要です。これまでの整備は、あくまで既存の業務を効率化し、環境変化に対応するための ICT 基盤を整える段階に留まっています。本質的な DX、つまり業務の在り方や組織そのものを根本的に変革する取り組みには至っていないのが現状で

第 6 章　DX を通じた大学業務改革

す。

　先述のように、ICT と DX は明確に異なるものです。ICT は単なる技術的手段に過ぎません。一方、DX はその ICT を活用し、業務プロセスや組織の仕組みを抜本的に見直し、新たな価値を創造する取り組みです。

　追大の課題は、一連の ICT 整備が業務効率化を実現するに留まり、仕組みを変革し、イノベーションを創出する DX にまでは至っていない点にあります。この課題を克服するためには、技術そのものではなく、それを使いこなし、新たな価値を創り出す「人」の存在が不可欠です。技術はあくまでも手段であり、イノベーションを起こすのは私たち追大職員自身です。

　私たち追大職員が前例踏襲から脱却し、根本から考え方を変え、業務に取り組む意識改革を実現しなければ、DX は単なるスローガンに終わってしまいます。DX を真に実現するためには、私たちが技術を活用し、仕組みを変え、組織に新たな価値をもたらす挑戦を続けることが求められています。

　次節以降では、追大が DX の実現に向けてどのような取り組みを進めているのか、具体的な事例を紹介していきます。

6.4. 2025 年 未来の働き方プロジェクト

　DX を実現するためには、私たち追大職員が前例踏襲の枠組みから脱却し、根本的に考え方を変え、業務に取り組む意識改

革を実現することが不可欠です。この意識改革は、DX を成功させるためだけでなく、組織全体に変革をもたらし、持続可能な成長を支える基盤となるものです。

　追大では、この意識改革を推進するために「2025年 未来の働き方プロジェクト」を立ち上げました。このプロジェクトの目的は、技術や業務プロセスの効率化だけでなく、DX を真に実現するための「人」の在り方を問い直し、組織風土・組織文化を変革することにあります。遠回りのように見えるこの取り組みこそが、長期的には持続可能な成長とイノベーションを生み出す近道であると考えています。

　このプロジェクトの特徴的なポイントは、総務課や人事課といった特定の部署に限らず、多くの職員を巻き込み、全学的なプロジェクト形式で進められた点です。職員の働き方改革というテーマを中心に据えながら、私たちの価値観そのものを見つめ直し、職場環境の変革に真正面から取り組みました。このように、私たちの仕事の本質や根本を組織に参加する構成員全員で再考し、見つめなおすことで、DX の実現に向けた共通の基盤を築くことを目指したのです。

6.4.1. 固定概念からの脱却・パラダイムシフト

　「2025年 未来の働き方プロジェクト」において、議論は自由に行われることが保証されましたが、全員が一貫して守るべき

第 6 章　DX を通じた大学業務改革

ルールが設けられました。それが「固定概念からの脱却」、すなわちパラダイムシフトを実現することです。

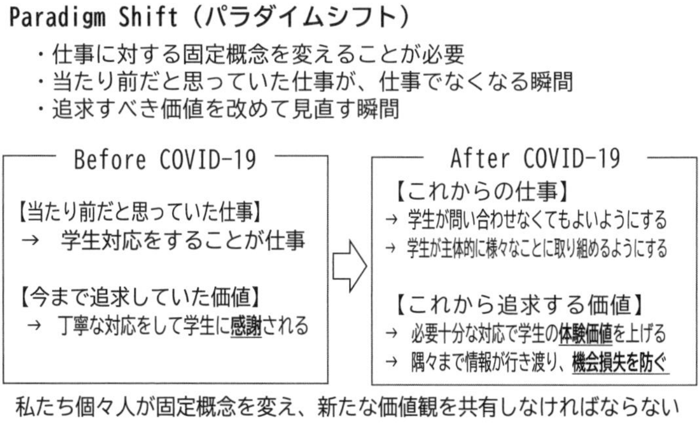

Paradigm Shift（パラダイムシフト）
- 仕事に対する固定概念を変えることが必要
- 当たり前だと思っていた仕事が、仕事でなくなる瞬間
- 追求すべき価値を改めて見直す瞬間

―― Before COVID-19 ――
【当たり前だと思っていた仕事】
→　学生対応をすることが仕事

【今まで追求していた価値】
→　丁寧な対応をして学生に**感謝される**

―― After COVID-19 ――
【これからの仕事】
→ 学生が問い合わせなくてもよいようにする
→ 学生が主体的に様々なことに取り組めるようにする

【これから追求する価値】
→ 必要十分な対応で学生の**体験価値**を上げる
→ 隅々まで情報が行き渡り、**機会損失を防ぐ**

私たち個々人が固定概念を変え、新たな価値観を共有しなければならない

図 6-1　固定概念からの脱却（パラダイムシフト）

組織として持続的に成長し、変化に対応し続けるためには、過去の成功体験や前例に固執し、成長を妨げる姿勢を捨てなければなりません。そのため、議論の前提として「仕事に対する固定概念を変えること」が必要であるという共通認識を持つことから、このプロジェクトはスタートしました。「当たり前だと思っていた仕事が、仕事でなくなる瞬間が来ている」、「追求すべき価値を改めて見直す瞬間が来ている」という考えを共有したのです。

例えば、コロナ禍以前の追大においては、「学生対応を丁寧に行い、学生に感謝されること」が職員の仕事であり、価値とされてきた節がありました。しかし、コロナ禍を経て、私たちは新たな価値観を共有する必要性に気づきました。それは、「学生が問い合わせをする必要すらなく、主体的に大学生活を送れる仕組みを構築すること」こそが、私たちの新たな使命であるということです。「必要十分な対応で学生の体験価値を向上させること」や「情報を隅々まで行き渡らせ、学生の機会損失を防ぐこと」が、これからの私たちが追求すべき価値であると認識するようになりました。

　このような新たな価値観を共有するためには、個々人がこれまでの固定概念を変え、未来を見据えた議論に参加することが求められました。なぜなら、DX とは単なる業務効率化や生産性向上を超えて、組織の仕組みを根本的に変革し、イノベーションを創出することを目指す取り組みだからです。前例踏襲主義にとらわれることなく、新たな価値観を共有し、それに基づく組織風土や文化を醸成することこそが、DX を実現するための鍵であるといえます。

6.4.2. 現状認識

　未来を考える上で、現状の把握は欠かせません。私たちには、どのような仕事があり、それを何人で、どれくらいの時間をか

第6章　DXを通じた大学業務改革

けて行っているのか。当時、それを正確に答えられる人は、追大には一人もいませんでした。このため、このプロジェクトの最初の取り組みは、現状認識、すなわち「私たちは何に時間を費やしているのか」を明らかにすることでした。

プロジェクトに参加した若手・中堅職員約20名は、それぞれの職場に戻り、所属する部局の業務を徹底的に棚卸ししました。この業務量調査は、これまでにない規模で実施され、20課室、2,183業務を対象として行われました。調査では、各業務にどれだけの人数と時間をかけているかを記録するだけでなく、業務を行う上で必要な連携部署や、繁忙期と閑散期の差、ミスの発生頻度といったさまざまな項目も明らかにしました。

そして、調査で明らかになった業務を「定型業務」（マニュアル化された決まった形の業務）と「定常業務」（繰り返し発生するルーティン化された業務）、それ以外の業務にマトリクスで分類したところ、衝撃的な事実が浮かび上がりました。事務職員が担う業務のうち、定型かつ定常の業務が全体の58.6%を占めていたのです。つまり、私たちはマニュアルどおりに進めるべき業務、極端に言えば、RPA（ロボティック・プロセス・オートメーション）などの事務用ロボットでも対応可能な業務を多く抱え込み、それを「重要な仕事」として維持していたのです。

この結果は、私たちが薄々感じていた問題を明確なデータとして突き付けるものでした。そして、これを受けた職員たちは、組織全体で壮絶な危機感を共有することができました。「このま

まではいけない」という強い思いが、プロジェクトをさらに推進するエネルギーとなったのです。

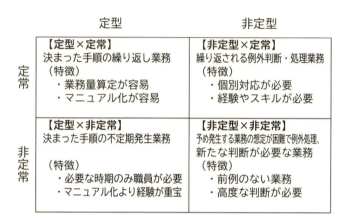

図6-2　定型・定常マトリクスによる業務整理

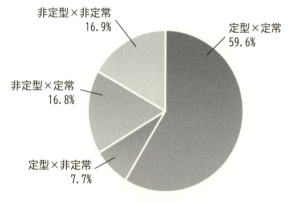

図6-3　追大における業務の割合（2021年度調査）

第6章 DXを通じた大学業務改革

6.4.3. 価値定義

　危機感を共有した私たちは、未来に向けて「私たちは何のために存在しているのか」、「本来、私たちは何を目指すべきなのか」という問いを中心に、熱い議論を繰り広げました。この議論に対する若手・中堅職員の熱量は非常に高く、議論の場は活気に満ちていました。これは、単に危機感を共有していたからだけでなく、若手・中堅職員が未来に対して強い期待を抱いていたことも要因の一つです。自らの職場の未来を自らの手で描き、方向性を決定できるというプロジェクトに取り組む中で、当事者意識が育まれていたのだと感じます。

図 6-4　若手・中堅職員の議論の様子

しかしながら、私たちがどのような仕事を担うべきなのかを

定義する「価値定義」の議論は、決して容易ではありませんでした。それぞれの価値観や考え方は多様で、一人ひとりの意見が異なっていたからです。ある人は「イノベーションを生み出し続けること」を価値と捉えましたが、別の人は「事務の仕事を地道に確実に遂行すること」を価値と見なしました。

また、「仕事よりもプライベートを重視し、働き方の自由を追求したい」という意見もありました。こうした意見の多様性により、議論を収束させることは非常に困難に思えました。

それでも、私たちは粘り強く議論を重ね、以下の3つの整理を行うことで価値定義に取り組むことができました。

① **価値の分解**

前述のとおり、プロジェクトメンバー間には多様な価値観が存在しており、それを1つの共通した価値観に統一することは不可能である、という結論に至りました。価値観の多様性は、私たちの強みであり、それを無理に一つに揃えることは、ダイバーシティ（多様性）という理念に反するからです。一方で、事務職員として追求すべき共通の部分が存在することも事実です。そこで、「価値」を「思い」と「意識」に分解することで、この問題を整理することにしました。

「思い」は、個々人の価値観そのものであり、それぞれの「思い」は最大限尊重されるべきものです。しかし、「思い」だけでは組織を維持することはできません。一方で、「意識」とは、組

第6章　DXを通じた大学業務改革

織の一員として共通に持つべき方向性や姿勢を指します。

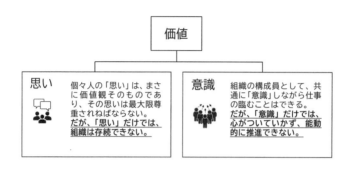

図 6-5　価値の分解

「意識」が共有されていれば、組織としての一体感や効率的な業務遂行が可能になります。ただし、「意識」だけに頼ると、構成員の心が伴わず、能動的に行動を推進する力が失われてしまいます。

そこで私たちは、「思い」と「意識」を分けて考えるという新たな仕組みにたどり着きました。「思い」という価値観の部分は多種多様で構わないけれど、「意識」はベクトルをそろえることができるはずであり、「価値」によって行動変容を促すのではなく、「意識」によって行動変容を目指すこととしたのです。私たちは、多様な価値観を認め合う、新たな仕組みに達したのです。

② 6つの意識

　職員個々の「思い」や「価値観」を大切にする一方で、社会や経済といった外部環境の変化は目まぐるしく、その予測が難しい状況にあります。このような中で、私たち事務職員が「意識」すべきことを整理し集約しました。それが「6つの意識」です。

---

1. **チャレンジする風土であること**

　私たちは目まぐるしい環境の変化に対応していくためにもチャレンジすることを大事にします。常に現状を問い続け、改革と改善に対して、未来志向で果敢にチャレンジしていく風土を創り上げます。仮にチャレンジした結果が失敗に終わったとしても、それは次への糧となることを組織全体が理解し、チャレンジしたことを評価する風土でなければなりません。

2. **議論する風土、認め合う風土であること**

　私たちは多様な価値観を持つ人間が集まる組織であるからこそ、議論すること、そして認め合うことを大事にします。議論することは、相手を否定することではなく、また相手を忖度することでもなく、お互いを受け入れ、建設的に物事を創り上げていくことです。そこには役職や年齢、経験や部署

といった違いもなく、すべてを受け入れながら、より良いものへと収斂・昇華していこうとする努力と寛容さが求められます。

3. チームで取り組む文化

　私たちは多様な価値観を持つ人間が集まる組織であり、個々が有する専門性や個性の違いを尊重しあう組織であるからこそ、チームで取り組むことを大事にします。当事者意識を持ちながら、チームで取り組むことは、個々を補い合い、さらにはお互いの良いところを組み合わせることでの相乗効果を創出させます。チームで支えあうことは、個人主義・自前主義から脱却し、ワークライフバランスを重視する上でも非常に有用なことであると理解します。

4. 利益率、生産性、合理性の文化

　私たちは経営を担う事務職員であるからこそ、利益率・生産性・合理性の文化を大事にします。私たち個々の思いを実現させるためにも、その土台となる組織を存続させることが重要です。時間的制約と場所的制約からの脱却の中で、無駄を省き、選択と集中の下、私たち事務職員がより一層高付加価値な仕事に取り組んでいけるような合理性の追求、生産性の向上、そして利益率への貢献を重視します。

5. 常に学び続ける文化

　私たち事務職員に求められる知識や能力は、時代を追うごとに高度化、専門化が進むなどしており、新たな知識や能力を得るための不断の自己研鑽が求められています。もはや業務を通じた OJT だけでは対応できない時代になってきていることを認識し、常に学び続ける文化を組織としても個人としても定着させていきます。

6. 内部と外部の両側面からの付加価値の重視

　私たちは内部と外部の両側面からの付加価値を重視した仕事を進めます。私たちは第一義的に学院生のために取り組まねばなりません。しかし、内部環境のみに着目し、物事を進めることはガラパゴス化と独善を招く恐れがあることを理解しています。だからこそ外部から見たときにも価値ある施策であることを念頭に、内部と外部の両側面からの付加価値を重視していきます。

　これら「6つの意識」は、若手・中堅職員の現状に対する課題感や、管理職への挑戦やアンチテーゼ、さらには未来に対する希望を含んでいるように感じられます。これらの意識が明確になることで、組織としてのベクトルを揃える方向性が見えてきましたのです。

第 6 章　DX を通じた大学業務改革

③ 付加価値追求業務と生産性追求業務

　私たちは、事務職員としての価値を「思い」と「意識」に分けることで、それぞれの仕事に対する「思い」の多様性を尊重しつつ、組織に所属する人間として「意識」のベクトルを揃えることを目指しました。

　その上で、今後私たち事務職員が担うべき業務について、「付加価値追求業務」と「生産性追求業務」の 2 つに区別することとしました。

図 6-6　付加価値追求業務と生産性追求業務

　付加価値追求業務とは、新たな価値を創出する仕事、すなわち「0 から 1 を生み出す」仕事を指します。これは、絶え間ないイノベーションを生み出し、未来に向けた組織の発展を支えるために欠かすことのできない重要な業務です。

一方で、生産性追求業務とは、これまで私たちが担ってきた定型業務などが該当します。こうした未来志向の議論を進める中で、定型業務が軽視される傾向がありますが、それは避けなければなりません。定型業務は教育研究を支える基盤として非常に重要な仕事であり、それに矜持を持ってきた事務職員も数多くいます。私たちも、こうした業務を軽んじることなく、未来にわたって担うべき業務として位置づけています。

　しかしながら、定型業務をこれまでと同じ形で行い続けることは、今後許されません。グローバルで見れば、実質GDPの成長率やインフレ率は上昇を続けており、昨日と同じ価値を継続することは、相対的にはマイナス成長となります。そのため、100円のコストで行っていた業務を10円のコストで実現するなど、生産性の追求が不可欠です。生産性追求業務では、こうした絶え間ない改善が求められるのです。

　付加価値追求業務と生産性追求業務は、追大の永続的な発展を成し遂げるために必要不可欠な「両輪」として機能しなければなりません。

　私たちは、こうした整理のプロセスを通じて、仕事の本質を組織全体で再考し、DXの実現を目指す基盤ともいうべき組織風土・組織文化を創り上げていったのです。

第 6 章　DX を通じた大学業務改革

6.4.4. 組織の体質改善

　DX を実現するために、私たちはあえて遠回りとも思えるアプローチを採っています。ここまでの時間を費やして、働き方に対する意識改革や未来に担うべき業務の定義に取り組んできたのは、「組織の成長」と「働き方改革」を一過性のものに終わらせず、持続可能な変革へと昇華させるためです。

　どれほど優れた技術やシステムを整備しても、人の意識や心がそれに追いつかなければ、反発や元に戻ろうとする力が必ず働きます。ICT 整備は言わば「西洋医学」のような外科的なアプローチです。業務の効率化や生産性向上を短期間で実現する即効性がありますが、その反面、免疫反応や原状復帰バイアスといった副作用がつきまといます。

　一方で、DX を真に永続的なものとするには、ICT 整備に加え、東洋医学的ともいえる「組織の体質改善」、つまり意識改革を伴うアプローチが欠かせません。組織全体で価値観を共有し、働き方や業務の在り方を根本から見直すことで、DX の成果を持続的なものにする基盤を築けるのです。

　私たちのこれまでの取り組みは、まさに意識改革そのものへの挑戦でした。時間がかかり、即効性は低いかもしれません。しかし、一度組織全体で共感と納得を得ることができれば、それは恒常性（ホメオスタシス）をもたらし、変革が安定的に定着します。

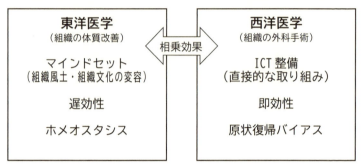

図 6-7　組織の体質改善

　DX が単なる ICT の活用ではなく、組織に変革と新たな価値をもたらすためには、価値観や働き方そのものの変容が必要です。これまでのプロセスを通じて、私たちは既存の業務を根本から見つめ直し、継続的に新しい価値を生み出す組織へと進化する準備を整えてきました。

　一見すると遠回りのように思える「組織の体質改善」ですが、この取り組みこそが、DX に限らず改革を一過性のものに終わらせず、イノベーションを持続的に打出すことが可能な組織を形成するための最善の道であると確信しています。

6.5.　DX を推進する組織設計

　追大では、長い時間をかけて固定概念からの脱却を図り、私

第6章　DXを通じた大学業務改革

たちがどのような業務に臨み、どのような価値を生み出すべきかを議論してきました。その成果を共通言語や共通意識として組織に定着させる「組織の体質改善」を進めてきたのです。これらの取り組みを基盤に、次に着手したのが、イノベーションを生み出すための「組織設計」です。

組織とは、あくまで「入れ物」に過ぎません。最終的に価値を生み出すのは、そこで働く人々の行動や取り組みです。しかし、組織が明確な目的や目標を欠いた状態では、構成員がその力を十分に発揮することは難しいでしょう。

学校法人である大学には、建学の精神を反映した教育研究や経営指標など、さまざまな目的や目標が存在しています。その目的や目標を実現するために、組織設計は手段として駆使されるべきです。そして、それらの戦略に適した形で設計され、適切に運用されることで、構成員の力を最大限に引き出すことが可能となるのです。

米国の著名な経営学者であるアルフレッド・D・チャンドラー (Alfred DuPont Chandler, Jr.) は、著書『Strategy and Structure』(MIT Press, 1962) の中で「組織は戦略に従う (structure follows strategy)」と述べています。この言葉が示す通り、戦略（目的や目標）に応じて組織を決定し、その組織設計に基づいて構成員が能力を発揮することができるのです。

一方、大学における組織設計はどうでしょうか。教務課・学生課・総務課・人事課など、100年近く変わらない組織形態が

現在も多くの大学で維持されています。これが必ずしも悪いわけではありません。しかし、重要なのは、それぞれの学校法人が掲げる目的や目標に応じて、組織が適切に設計・再編されているかどうかです。

追大では、中長期的なビジョンである「長期構想2040」を頂点に、「長期計画2030」や「中期経営戦略」といった戦略体系の中で、具体的な目標を定めています。このように明確な戦略体系を構築することで、私たちが目指すべき姿とその実現のための道筋を示しています。

図6-8　学校法人追手門学院の戦略体系

第 6 章　DX を通じた大学業務改革

　追大では、「長期構想 2040」に基づき、「長期計画 2030」や「中期経営戦略」に定めた戦略目標を達成するための組織設計を進めてきました。これには、戦略の内容に応じた段階的な事務組織の再編が含まれており、柔軟かつ戦略的な設計が特徴です。特に、DX 推進という戦略に合わせた組織設計を進めており、目的に応じて組織を設計し、変化に対応できる体制を整えてきたのです。

6.5.1.　意識改革から生まれた CX デザイン局

　前章で紹介した通り、追大では 2023 年 4 月に「CX デザイン局」という新たな事務組織を設置しました。
　この CX デザイン局の設置は、システムの乱立やデータの欠損、使い勝手の課題といった問題を解決することを目的としつつ、学修者本位の教育を実現するための抜本的な改革が必要だという、意識改革の議論から生まれたものです。
　また、若手・中堅職員を中心に整理された「付加価値追求業務」と「生産性追求業務」という考え方も、この CX デザイン局設置の根幹を成しています。0 から 1 を生み出す付加価値追求業務においても、1 を 10 にする生産性追求業務においても、その中心にあるのは、学修者本位の教育を実現するという理念であり、CX に基づいた改革・改善が不可欠であるという強い想いです。

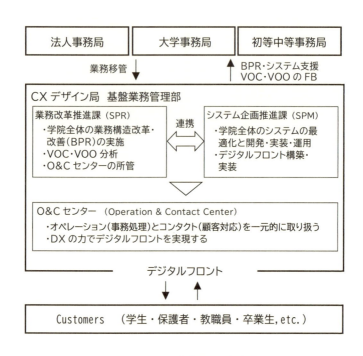

図 6-9　CX デザイン局組織図

　以下では、CX デザイン局のいくつかの組織的な特長について具体的に紹介します。

6.5.2. 業務改革とシステムの両輪

　CX デザイン局には、基盤業務管理部が設置され、その下に業

第 6 章　DX を通じた大学業務改革

務改革推進課 (SPR: Service Process Reengineering) とシステム企画推進課 (SPM: System Planning Management) を配置した 1 部 2 課体制を採っています。

　CX デザイン局の第一のミッションは、CX の追求を通じたイノベーションの創出です。学生や教職員一人ひとりに焦点を当て、体験価値の向上を目指すだけでなく、これまでにない新しいサービスの創出を通じて、イノベーションを実現することを目指しています。

　もう一つの重要なミッションは、DX を通じた CX の実現です。今日では、あらゆる CX がデジタル技術によって形作られている中、追大では DX を活用して体験価値の向上を図り、他に先駆けたノウハウの蓄積を進めています。

　これらのミッションを遂行するため、CX デザイン局に SPR と SPM という二つの専門部署が設置されたのです。

　まず、SPR は、CX を起点として新たなサービスを考案するほか、現行の業務を CX の観点から見直し、改革・改善を推進する業務改革の専門部署です。SPR は、学内外の体験価値を向上させるための先導的な役割を担っています。

　また、SPM は、DX を通じた CX の実現を支えるシステム部門です。通常、システム部門は法人部局や大学部局に設置されることが一般的ですが、追大では CX デザイン局にシステム部門を組み込み、SPR と SPM が一体となって改革・改善を進める体制を採っています。このような柔軟かつ戦略的な組織設計は、

日本の大学では非常に稀有な例といえるでしょう。

　追大の CX デザイン局は、CX と DX を車の両輪とすることで、戦略の実現を加速させる革新的な組織構造を体現しています。戦略に基づいた柔軟な組織設計は、硬直化しがちな大学の組織運営に一石を投じるモデルケースとなる可能性を秘めています。

6.5.3. 横串をさした CX 起点での改革・改善

　多くの大学では、業務効率化や専門性向上のため、人事課・財務課・教務課・学生支援課といった縦割りの事務組織が形成されています。こうした組織構造は、それぞれの部門が専門性を持って業務を遂行する上で有効ですが、一方で部門間の連携が不足し、業務の分断が発生しやすいという課題もあります。

　CX デザイン局の設立は、このような縦割り構造を超え、業務全体を「学生起点」で捉え直し、横串を通した改革・改善を進めることを目的としています。そのため、単なるアドバイザリー的な組織としてではなく、実際に業務を担いながら改革を推進する体制が取られています。

　CX デザイン局は、既存の法人事務局や大学事務局から業務を移管し、自らが責任をもって改革・改善を進める仕組みを採用しています。

　2023 年度には 38,273 時間分の業務を、2025 年度には 90,954

第6章 DXを通じた大学業務改革

時間分（専任職員 47.8 人分に相当）の業務を移管し、一元的に管理・改善を行う体制を確立しました。

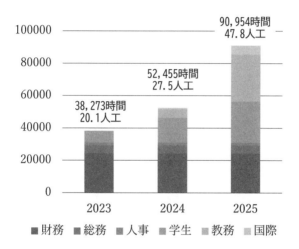

図 6-10　CX デザイン局への業務移管工数

　移管対象となるのは、事務職員が担っていた業務の約 6 割を占める「定型業務」のうち、DX による業務効率化・自動化の効果が高い生産性追求業務です。これにより、各部門の専任職員は、機械的なルーティンワークから解放され、戦略的な意思決定や学生支援の充実といった付加価値追求業務に専念できる環境が整えられました。

　具体的な業務移管の例としては以下の通りです。

171

① 決算業務（財務課 → CX デザイン局）

　従来、法人事務局の財務課が担当していた決算業務は、学校法人会計のルールに基づき遂行される定型業務です。現在は、CX デザイン局が決算に係る財務諸表を作成し、財務課に納品する体制を構築しました。これにより、財務課は膨大な事務作業から解放され、決算の分析、財務シミュレーション、戦略的な予算編成といった付加価値追求業務に集中できるようになりました。

② 奨学金業務（学生支援課 → CX デザイン局）

　これまで大学事務局の学生支援課が担っていた奨学金業務のうち、申請受付や支給業務といった定型業務が CX デザイン局に移管されました。DX の力を活用し、学生がスムーズに奨学金を申請・受領できるよう改善が進められています。一方で、学生支援課は「より良い奨学金政策の立案」や「個別支援が必要な学生へのサポート強化」といった付加価値追求業務に時間を割くことができるようになりました。

　CX デザイン局の業務移管の仕組みは、単に「業務を一括管理する」ことを目的としているわけではありません。最大の狙いは、業務の流れを学生起点で捉え直し、縦割りを超えて横断的な業務改革を実現することです。

　例えば、従来の大学組織では、奨学金業務は「申請受付は学

第6章 DXを通じた大学業務改革

生支援課」、「振込などの財務処理は財務課」と部門ごとに分業されていました。しかし、学生にとって重要なのは「スムーズな申請・受領のプロセスが確立されていること」であり、内部の部門構造は関係ありません。

　CXデザイン局は、このような縦割りの弊害を解消し、一気通貫のプロセスで業務を設計・運用することで、学生起点の最適な体験を提供できる仕組みを構築しています。

　多くの日本の大学では、長年にわたり固定化された組織体制が維持されており、業務効率化の取り組みは進んでいても、縦割りを超えた組織改革にはなかなか踏み込めていません。その点、追大のCXデザイン局は、業務の性質ごとに整理し、DXを活用しながら横断的な業務改革を進めるという点で、他大学に先駆けた独自の仕組みを確立していると言えます。

　このように、CXデザイン局は単なるコンサルタント的な役割にとどまらず、実際に業務を担いながらDXを推進し、全学的な業務改革をリードする組織として機能しているのです。

6.5.4. 徹底した工数管理：DXの効果測定

　CXデザイン局の大きな特徴のひとつが、「徹底した工数管理」です。前節で述べた業務移管の工数データからも明らかなように、CXデザイン局では管轄するすべての業務について、「いつ、どれくらいの人数で、どれくらいの時間をかけて実施している

のか」を詳細に可視化しています。

　この取り組みは、「2025 年 未来の働き方プロジェクト」において若手・中堅職員が主体となり、20 課室・2,183 業務を対象に行った業務量調査の成果を活用したものです。この調査に基づく詳細なデータは、DX の効果測定を行う上で極めて重要な指標となっています。

　DX は、単なる業務効率化ではなく、業務の仕組みそのものを変革し、新たな価値を創出することを目的としています。そのため、DX 導入に際しては、一時的にコストが増大することも珍しくありません。しかし、特に旧態依然とした組織では、DX がもたらす「価値」よりも、目に見える「コスト増加」の方に目が向けられてしまうことも少なくありません。

　例えば、CX デザイン局では、当初財務関連業務の 24,314 時間分の工数が移管されましたが、DX の導入と業務改善の結果、現在では 18,145 時間分に削減され、6,169 時間分の工数削減を実現しています。

　このように、DX による効果を定量的に示すことは、組織内での説明責任を果たすだけでなく、DX への組織的な理解を促進することにもなります。

　DX の推進は、従来の業務のあり方を問い直し、組織の構造や役割を変えることを伴います。そのため、「変化を歓迎する者」と「変化を脅威と感じる者」との間で軋轢が生じることは避けられません。

第 6 章　DX を通じた大学業務改革

　特に、DX が進めば進むほど、これまでの業務の意義が相対的に低下する部門や個人が現れます。その結果、DX の推進に対して、感情的・組織的な抵抗が発生することもあります。

　このような状況下においては、仕事の意義を共に考えていくという協調的な歩みが必要であると同時に、DX の成果を可視化し、客観的なデータとして提示することは、イノベーションの推進に対する組織的な納得感の醸成という点でも重要なことだと言えます。CX デザイン局が徹底した工数管理を行うのは、単なる業務効率化のためではなく、DX の効果を証明し、組織全体で DX の効果を実感しながら、組織内の変革を持続可能なものにするためのものでもあるのです。

　DX は、一部のリーダーシップ層や改革推進者だけが意欲的に取り組めば実現するものではありません。組織全体が納得し、共通の理解を持ちながら進めていくことが、DX を持続可能なものにするための鍵となります。そのためには、感情論ではなく、客観的なデータに基づく効果測定と、そのデータを適切に組織内で共有する仕組みが不可欠です。

　CX デザイン局の「徹底した工数管理」は、単なる DX のパフォーマンス測定ではなく、組織内の共通の理解の上で、DX が持続的に推進される環境を整えるための重要な役割を担っているのです。

6.5.5. オペレーションとコンタクトの一元化

CX デザイン局では、業務移管された事務処理業務や窓口対応業務を一元的に担う組織として、オペレーション＆コンタクトセンター（O&C センター：Operation & Contact Center）を設置しました。

このセンターの設立は、単に業務を効率化するためではなく、利用者起点の業務改革を推進するための根幹となる仕組みとして位置づけられています。

利用者（学生・教職員）にとって、申請や相談のたびに窓口が異なることは、CX の観点からは利便性の大きな阻害要因となります。例えば、学費の納付に関する問い合わせが「財務課」、奨学金の相談が「学生支援課」、履修登録の相談が「教務課」と、それぞれ異なる部署に分かれていると、学生はどの窓口に行けばよいのかを自分で判断しなければなりません。

これは、組織側の論理によって作られたルールであり、利用者起点の仕組みとは言えません。

民間企業では、こうした課題を解消するために、コールセンターやカスタマーサポートを一元化するのが一般的です。問い合わせの窓口を一本化し、顧客が「どこに問い合わせるか」を考える必要がない仕組みを作ることは、CX の向上につながると考えられているためです。

では、なぜ大学ではこうした仕組みが導入されてこなかった

第6章　DXを通じた大学業務改革

のでしょうか。それは、大学業界においてはCXという概念が存在せず、学生は「顧客」ではなく「大学が育ててあげている学生」でしかないという固定概念があるからかもしれません。

それゆえ大学の組織は、顧客起点というよりかは、教務、学生支援、財務、人事といった機能ごとに独立した事務組織を持つ「縦割り構造」が基本となっており、それぞれが独自のルールで業務を遂行してきました。その結果、業務の専門性は高まりましたが、利用者にとっては複雑な手続きや不便な仕組みが放置されたままになっていたのではないでしょうか。

CXデザイン局では、この「利用者がどの窓口に行けばよいかを考えなくても済む仕組み」を実現するため、O&Cセンターを設置し、移管された業務についてはすべて一元的に対応できる体制を整えました。

O&Cセンターの名称に含まれる「オペレーション(Operation)」とは、事務処理業務のことを指し、「コンタクト(Contact)」とは、窓口での対面対応・電話・Eメール・アプリを通じた問い合わせなど、すべての顧客接点を統括することを意味します。

O&Cセンターが単なる業務処理機能にとどまらず、もうひとつの重要な役割として担っているのが、VOC(Voice of Customer：顧客の声)とVOO(Voice of Operator：現場職員の声)の収集・可視化、そしてそれに基づく改革・改善のサイクルの確立です。

顧客接点においては、学生や教職員が窓口に訪れる理由や背景が必ず存在します。例えば、履修登録に関する問い合わせが

急増しているとすれば、「システムが分かりにくい」、「ガイドラインが不十分」といった根本的な問題があるかもしれません。

また、業務を担う職員の現場感覚から生まれる「この手続きは無駄が多い」、「システムの設計が使いにくい」といった VOO も、業務改革の貴重なヒントとなります。

しかし、従来の大学業務では、こうした VOC や VOO のデータを体系的に収集・活用する仕組みが存在しなかったのが実情です。多くの大学では、「窓口に訪れる学生が何を求めているのか？」という意識はあっても、窓口対応の多忙さゆえに、対応件数のカウントや VOC の記録が日常的に行われることは難しく、結局、現場職員の個人的な経験則に依存する形になっていました。

そのため、「問い合わせが多い＝問題がある」という気づきが生まれても、それを組織全体の改善につなげることができなかったのです。

そこで、O&C センターでは、VOC・VOO の収集と可視化を、職員個人の努力に依存するのではなく、組織のミッションとして明文化し、業務プロセスに組み込むこととしました。

O&C センターに配置された職員は、単に問い合わせ対応を行うのではなく、「どのような問い合わせが多いのか？」、「なぜその問い合わせが発生しているのか？」をデータとして記録し、改革・改善につなげることを前提とした業務を行うことが求められます。

第6章　DXを通じた大学業務改革

　このようにVOC・VOOの収集を組織のミッションとして制度化することで、それ自体が業務として機能するようにした点が、O&Cセンターの大きな特長なのです。

　DXは魔法の杖ではありません。単にデジタルツールを導入すれば、自動的にイノベーションが生まれるものではないのです。真にDXの力を発揮するためには、「利用者が何に困っているのか？」、「現場の職員は何を感じているのか？」といった情報を適切に収集し、改善につなげる仕組みがなければならないのです。

　DXの成否を分けるのは、「テクノロジーそのもの」ではなく、「テクノロジーをどのように活かすか」です。

　どれほど優れたシステムを導入しても、利用者の声を適切にフィードバックし、業務の改善につなげなければ、単なる「新しいツールの導入」に終わってしまいます。

　O&Cセンターは、まさにこの「DXを活かすための情報基盤」として機能します。利用者と直接接する窓口だからこそ得られる貴重なVOC・VOOを一元的に収集し、それを組織全体の改善につなげることで、DXの本来の価値を最大限に引き出すのです。

　このようにO&Cセンターの設置は、単なる問い合わせ窓口の集約ではなく、「利用者起点の業務改革」を推進するための戦略的な取り組みです。

　民間企業では当たり前となっている「顧客対応の一元化」を、

大学業界でも導入することで、利用者の利便性を向上させるだけでなく、VOC・VOOのデータを基に継続的な改革を行うDXの基盤を確立することができます。

O&Cセンターのような仕組みを持たずにDXを進めても、それは単なる「デジタル化」にすぎません。DXは、テクノロジーではなく、利用者の課題を解決するための手段であり、そのためには、適切な情報の収集と、それを活かす組織的な仕組みが不可欠なのです。

6.5.6. デジタルフロント

CXデザイン局およびO&Cセンターの大きな特長の一つとして、「デジタルフロント」の導入が挙げられます。

ここで、フロントとは「顧客と直接関わる部門」を意味し、「front office」といったように「back office（顧客と直接かかわらない管理部門など）」に対する概念として使われる言葉です。追大では学生にとってのわかりやすさなどを踏まえ、「デジタル窓口」という意味でデジタルフロントという通称を使用しており、申請や問い合わせをすべてデジタル上で完結させる仕組みを指します。

デジタルフロントの意義は大きく分けて2つあります。1つ目は利用者起点の意義です。

従来、学生や教職員はさまざまな申請や問い合わせのために

第 6 章　DX を通じた大学業務改革

窓口へ出向く必要がありました。

　履修登録、証明書の発行、奨学金の申請、施設の予約、学費の支払いなど、あらゆる手続きが各課室ごとに分かれ、利用者は「どこに問い合わせるべきか」を自分で調べ、移動し、対面で手続きをしなければならないという不便を強いられていました。

　デジタルフロントの導入により、こうした手続きはスマートフォンや PC を通じて、どこからでも申請・問い合わせが可能になります。OIDAI アプリを活用すれば、通学途中や自宅からでも必要な手続きを完了でき、窓口の営業時間に縛られることもなくなるのです。

　これにより、利用者は本来費やすべき学修や研究、業務に集中できる時間を確保できます。特に、日中は授業や課外活動で忙しい学生にとって、大学の窓口に出向く時間を削減できることは、学修時間の確保や生活の柔軟性向上につながります。また、教職員にとっても、問い合わせ対応に時間を割く必要が減り、より付加価値の高い業務に集中できる環境が整います。

　そしてデジタルフロントのもう一つの重要な意義は、すべての問い合わせデータを統合 DB に蓄積できる点にあります。

　従来の対面や電話による窓口対応では、問い合わせの件数や内容が属人的な記憶に頼る部分が大きく、組織全体で問い合わせの傾向を把握し、業務改善につなげることが難しいという課題がありました。

OIDAIアプリを通じたデジタルフロントでは、学生や教職員がどのような内容で問い合わせをしたのか、どの時期に問い合わせが集中するのかといった情報がすべてデータとして記録されます。

　さらに、これらの問い合わせデータは、個人の所属や履修情報、利用サービスの履歴といった属性データと紐付けられるため、より高度な分析が可能となります。

　例えば、「1年生の特定学部の学生は、履修登録に関する問い合わせが多い」、「特定の時期に奨学金の申請に関する問い合わせが急増する」、「教職員の業務システムに関する質問が、特定の操作方法に集中している」といったデータが明確になれば、事前にFAQを充実させたり、必要なガイダンスを強化したりすることで、問い合わせそのものを減らす施策を打つことができます。

　このように、デジタルフロントは単なる利便性向上の手段ではなく、業務改善のための「データプラットフォーム」としての役割も果たすのです。従来、課題発見は「現場の経験則」に依存することが多かったものの、デジタルフロントによって、感覚ではなくデータに基づいた意思決定が可能となったことは大きな意義であると言えます。

　こうしたデジタルフロントは、DXの文脈においても重要な役割を担います。DXが単なる「業務のデジタル化」にとどまらないためには、デジタルによって得られるデータを活用し、新

第6章　DXを通じた大学業務改革

たな価値を創出することが求められます。

　DXの取り組みが失敗するケースの多くは、デジタルツールを導入したものの、それを適切に運用・活用できず、従来の業務フローを変えられなかったことにあります。

　例えば、紙の申請書をPDF化するだけでは、単なるデジタル化（デジタイゼーション）にすぎません。

　しかし、デジタルフロントでは、「データを一元化し、問い合わせそのものを減らし、業務の自動化や予測を可能にする」というDX本来の目的を果たすことができます。

　また、デジタルフロントの活用により、O&Cセンターにおける問い合わせ対応の負担軽減や、VOC・VOOの可視化がさらに進むことになります。

　これは、大学業界において従来見られなかった「問い合わせのデータドリブンな活用」を可能にし、より高度な業務改善を推進する基盤となるのです。

　デジタルフロントの導入により、追大では利用者の利便性向上、業務負担の削減、データ活用による業務改善という3つの大きな変革を同時に推進しています。

　この取り組みは、単なるICT整備の延長ではなく、DXを通じて「組織の在り方そのものを変革する」ための戦略的な施策です。

　利用者にとっては、問い合わせや申請にかかる手間が減り、より本質的な活動（学修・研究・業務）に集中できる環境が整

います。

一方で、大学としては、問い合わせデータを活用した業務改善が進むことで、業務の生産性が向上し、組織全体の効率化と質の向上が期待できます。

追大のデジタルフロントは、単なる「申請のオンライン化」ではなく、「大学運営の新たな基盤」として、今後さらなる発展を遂げていくと確信しています。

6.6. DXを通じた教職員の働き方の変化

DXの本質は単なるデジタル化ではなく、「仕事の在り方そのものを変えること」にあります。

これまでに紹介してきたOIDAIアプリ、統合DB、O&Cセンター、デジタルフロントの導入は、単なる業務の効率化を超え、追大職員の意識と働き方に根本的な変化をもたらしました。

追大では、前述の通り、職員がどのように働くべきか、どのような価値を生み出すべきかを徹底的に議論し、意識改革を進めた上で、DXを実装してきた経緯があります。その結果、単なる「便利なツールの導入」ではなく、データを活用した意思決定や業務プロセスの抜本的な見直しが行われるようになったのです。

その代表例のひとつが、FAQの改善プロセスです。

従来の大学業務では、職員は自分の経験や感覚に頼って業務

第 6 章　DX を通じた大学業務改革

を進めることが多かったことは、これまでも繰り返し述べてきました。しかし、DX によって得られたデータを活用することで、業務改善が科学的なアプローチに基づくものへと進化したことは非常に大きな変化と言えます。

OIDAI アプリでは、学生生活に必要な FAQ が網羅されており、学生がどの FAQ を検索・閲覧したのか、どのような問い合わせを行ったのかといったデータが統合 DB にすべて蓄積されます。

このデータを分析することで、私たちは以下のような具体的なアクションを取ることが可能となりました。

「問い合わせ件数の多い FAQ を特定し、より分かりやすい表現や視覚的要素を加える」

「検索される頻度が高いにも関わらず、FAQ で解決できていない項目を重点的に改善する」

「問い合わせの時期や傾向を分析し、事前に必要な情報を適切なタイミングで提供する」

この取り組みの成果は、数値としても表れています。2024 年度上半期には 14 万件以上の FAQ 閲覧があり、そのうち FAQ で解決できず問い合わせに至った数は 7,362 件。すなわち、FAQ による問題解決率は 94.5%に達していました。さらに、2024 年下半期（12 月末時点）には、さらなる改善の取り組みを重ねた結果、FAQ による問題解決率が 95.5%に向上したのです。

これは単なる数値の向上に留まるものではありません。職員

の「経験と勘」に頼っていた業務が、データを活用し、科学的に改善されるサイクルへと変わったことを意味しているのであり、非常に大きな変化と言えます。

　FAQ の進化は、DX が私たちの業務に「データドリブンな意思決定」という新たな視点をもたらした象徴的な事例と言えるでしょう。

　もう一つの大きな変化は、「お知らせ配信」の在り方です。従来、大学では掲示板やメールを活用し、一律に情報を発信することが主流でした。

　しかし、追大では、OIDAI アプリを活用することで、お知らせ配信の既読率や閲覧履歴を統合 DB に集約し、分析することが可能になっています。その結果、驚くべき事実が明らかになりました。

　1,000 名以上に配信したお知らせの既読率が、わずか 10％以下にとどまることが多かったのです。このデータは、単に「情報を伝える」ことを目的としていた従来の業務の問題点を浮き彫りにしました。

　DX によるデータ分析が可能になったことで、「本当に必要な情報を、必要な人に、最適な方法で届ける」という発想が生まれ始めました。この課題に直面した若手・中堅職員は自発的にワーキンググループを組成し、お知らせ配信の在り方を再考する取り組みを始めました。

　このワーキンググループでは、様々な議論が行われ、以下の

第6章　DXを通じた大学業務改革

ような新たなアプローチも生まれました。

「ターゲットを絞り込んだ配信（例えば、「経済学部の1年生に向けた履修ガイド」といった細分化）」

「お知らせの最適な配信時間の分析（学生のアプリ利用が最も活発な時間帯に配信）」

こうしたアプローチの変革により、学生の情報取得の精度は向上しつつあります。「お知らせを出したから安心」ではなく、「学生に必要な情報を、確実に届けるにはどうすればいいか」という視点での業務改革は着実に進行しています。

これまでの取り組みや事例を通じて明らかなことは、DXが単なる業務効率化の手段ではなく、「私たちの仕事の意義そのものを問い直す機会」となったという点です。

私たちは、「2025年　未来の働き方プロジェクト」を通じて、「付加価値追求業務」と「生産性追求業務」という考え方を定義し、それに基づく働き方の変革を推進してきました。FAQの改善も、お知らせ配信の変革も、単に「便利になった」という話ではありません。職員が「何のためにこの仕事をしているのか」、「どうすれば学生の体験価値を最大化できるのか」を自ら問い直し、データを活用して業務を変革する姿勢へと変わったことこそが、DXの真の成果といえるでしょう。

DXによって、私たちは単に時間を短縮し、労力を削減することを目指しているのではありません。「本当に価値のある仕事に、より多くの時間を費やす」ことができる環境をつくること

こそが重要なのです。

　OIDAIアプリやデジタルフロントの導入は、大学業務の単なるデジタル化ではなく、「仕事の価値とは何か」を問い直すきっかけとなりました。データの活用を通じて、学生のニーズをより深く理解し、職員一人ひとりが「自分たちの仕事の本当の意味」を考えるようになったことは大きな進化と言えます。

　DXが私たちにもたらした最も大きな変化とは、「働き方」そのものではなく、「働く意味」への意識変革だったのではないかと思います。そして、その意識変革こそが、DXを単なるICT活用ではなく、組織を持続的に進化させる力へと変えていくのです。

6.7. 真の働き方改革を目指して

　「働き方改革」という言葉が広く浸透する中、その多くの取り組みは「時間外労働の削減」や「育児・介護と仕事の両立」といったワークライフバランスの実現に焦点を当てています。

　追大においても、アプリや統合DBによる業務のデジタル化が進んだことで、書類の電子化やデータの一元管理が可能となり、テレワークやフリーアドレスの導入がより一層推進されました。

　特にテレワークの普及は、物理的な勤務場所に縛られず業務を遂行できる環境を整え、職員の多様な働き方を支える基盤と

なっています。これにより、育児や介護と仕事を両立する職員にとっても、より柔軟な働き方を選択できる環境が整備されました。

しかし、本来の働き方改革の目的は、それだけではありません。

ワークライフバランスの実現には、身体的な健康だけでなく、心身の健康を含む「Well-Being（ウェルビーイング）」の視点が不可欠です。

「働きやすい環境」を整えることは重要ですが、同時に、職員が「やりがいを持って働ける環境」を整えることが求められます。

なぜなら、仕事の意義や価値を実感できることこそが、心理的な安定をもたらし、職員の長期的な健康と組織の持続的な成長を支える原動力となるからです。

6.7.1. 「やりがい」を生み出す DX

「やりがい」とは、単なる自己満足ではありません。

私たちがここで定義する「やりがい」とは、以下のような要素を含むものです。

貢献実感（自らの仕事が学生の成長や大学の発展に貢献していると感じられること）

成長実感（仕事を通じて新たな知識やスキルを習得できるこ

と)

承認欲求の充足(仲間との協働を通じて、自分の役割が認められていると実感できること)

このような「やりがい」を生み出すために、追大ではDXを活用し、学生支援の在り方を根本から見直してきました。その象徴的な取り組みが、OIDAIアプリの開発・運用を通じた業務変革です。

OIDAIアプリの導入により、多くの手続きや問い合わせがオンラインで完結するようになりました。これにより、職員は日々の窓口対応に追われることなく、本当に支援を必要としている学生に対して、より深く寄り添う時間を確保できるようになりました。

この変化は、私たち職員にとって、「学生にとって本当に価値のある支援を提供できている」という実感を得ることにつながっています。それこそが、働くうえでの「やりがい」へと直結しているのです。

6.7.2. DXによるデータ活用が生み出す学びと成長

さらに、DXの導入は、職員の「学び」と「成長」の機会を生み出しました。

統合DBを活用することで、学生の動向やニーズをデータと

して可視化し、それをもとに FAQ の改善や業務プロセスの見直しを行うという新たな仕事の形が生まれたのです。

これまで、職員の業務は「経験と勘」に頼ることが多く、業務改善も個々人の努力に委ねられていた節が見受けられました。しかし、DX によってデータに基づく業務改善のサイクルが確立されたことで、「どのようにすれば学生の利便性が向上するのか」を科学的に追求する姿勢が生まれました。

この変化により、職員一人ひとりが「自らの仕事が学生生活の向上に直結している」という実感を持つようになり、それが「成長実感」と「やりがい」につながっています。データを活用し、業務をより良くしていく経験を積むことで、教職員は単なる業務遂行者ではなく、「学び続けるプロフェッショナル」へと進化しているのです。

6.7.3. 真の働き方改革とは「やりがい」の改革

DX の推進によって、働く場所や時間の柔軟性が高まることはもちろん重要ですが、それ以上に大切なのは「働く意味を再定義すること」です。

OIDAI アプリやデジタルフロント、O&C センターの設置によって、私たちの仕事の目的は「窓口で対応すること」から「学生が主体的に行動できる環境を整えること」へとシフトしました。

このような意識変革が、私たちの仕事の質を根本から変え、やりがいのある働き方を実現しています。
　また、DXを活用した業務改善を通じて、「より良い大学を創る」という視点で仕事をする職員が増えていることも、組織全体の変化として重要なポイントです。
　データを活用しながら業務を改善し続ける経験を積むことで、職員自身が「組織を変える力」を持っていることを実感し、自らの成長に対しても積極的になっています。
　このように、DXは単なる「労働時間の削減」ではなく、「職員一人ひとりが、仕事を通じて充実感を得られる環境」をつくるための手段として機能しているのです。

6.7.4. DXが可視化した「やりがい」の重要性

　DXを推進する中で、私たちは仕事に対する「やりがい」が働き方改革の中心であることを再認識しました。
　そして、DXの力を借りることで、「やりがい」が生まれる環境を可視化し、持続可能な形で実現することができるのです。
　学生がFAQで問題を解決できることで、職員はより高度な支援に集中できる。データに基づくお知らせ配信により、学生とのコミュニケーションの質が向上する。業務プロセスの可視化によって、職員自身の学びと成長が促進される。
　これらの変化は、DXが単なる技術導入ではなく、職員の「仕

事の質」を向上させる手段であることを示しています。

　私たちが目指す真の働き方改革とは、Well-Being を基盤とし、「やりがいを持って働ける環境」を創ることです。

　DX を手段として活用し、私たち自身の意識を変革しながら、大学業務の未来を切り拓いていくことこそが、これからの大学経営に不可欠な視点といえるでしょう。

6.8. DX の先にある組織の未来

　DX の進展は、大学経営に新たな可能性をもたらす一方で、従来の枠組みを超えた挑戦を求めています。追大の取り組みは、DX を通じて「業務改革」と「働き方改革」という二つのテーマを両立させ、さらに大学全体の風土・文化、そして業務の仕組みを進化させる道を切り開いたものです。

　この取り組みが示す最大の教訓は、DX が単なる技術導入にとどまらず、学生と教職員の双方に新たな価値を提供し、組織全体に「挑戦」と「変化」を促すものであるということです。

　例えば「学生支援」の在り方も、従来の枠組みの延長では限界が明確になりつつあります。DX を活用し、デジタルによる対応を推進することに対して、「学生対応をデジタルで行うなどとんでもない」という反発もあるかもしれません。しかし、視点を変えれば、「そもそも学生が窓口に来ざるを得なかったこと自体に課題があるのではないか」という問いが生まれます。こ

の視点の転換こそが、私たちの情報発信や支援の手法を見直す契機となり、学生が本来の学修や成長により多くの時間を費やせる環境を整えることにつながります。DX を最大限に活用するためには、私たち自身が固定概念から脱却する「パラダイムシフト」を実現することが不可欠です。

また、「働き方改革」においても、テレワークやオフィス環境の改善といった物理的な変化に目が向きがちですが、本質的には心理的な側面が極めて重要です。OIDAI アプリの開発と運用を通じて、私たちは学生起点での設計、データ活用、そして業務の在り方そのものを再構築してきました。このプロセスの中で、職員が「やりがい」を持ち、組織全体がより充実感をもって働ける環境を実現することが、Well-Being を基盤とした真の働き方改革の中核であると実感しています。

追大では、2020 年から「2025 年 未来の働き方プロジェクト」を立ち上げ、組織全体で議論を重ね、職員の意識変革に多大な時間を投じてきました。「学生のために」という視点を持ち、前例にとらわれずに業務の在り方を見直し、より良い価値を生み出すことに挑戦する文化が根付いたことで、DX という手段を最大限に活用できる組織風土へと進化したのです。

DX が単なるデジタル化ではなく、価値の創造や組織の仕組みそのものの変革をもたらすものであるならば、その推進には「変化に挑むことを許容する風土と文化」が不可欠です。DX を進めることは、単に新しいシステムを導入することではなく、

第6章 DXを通じた大学業務改革

組織自体が変革を受け入れ、進化し続ける力を持つことにほかなりません。DX の推進とは、まさに組織風土と文化の変容に挑戦することであり、その挑戦こそが、大学経営の未来を切り拓く鍵になると確信しています。

第7章 DX推進の鍵

　ここで、大学において**デジタル・トランスフォーメーション** (digital transformation: DX) を推進するために必要なことを明らかにしていきたいと思います。

7.1. DX推進の目的を明確化

　大学においてDXを推進するためには、それなりのコストが必要となります。このため、なにを目的としてDXを推進するのかを明確にしておくことが重要です。

　例えば、5, 6章で紹介した追大のDX推進においては一貫して、**カスタマーエクスペリエンス** (customer experience: CX) に立脚した運営を行うことによって、教職員と学生がその有用性を実感でき、さらに、「働き方改革」にも資するシステム開発を進めることを目的としています。

　つまり、デジタル化やICT機器の導入は手段にすぎず、それ自体が目的ではありません。大学DXの本来の目的は、学生が主体的に学び続けることができる環境を提供し、学生自身が「何

を学び、何を身に付けたか」を実感できる学修者本位の教育への転換を図ることにあります。つまり、学生の学びにおける体験価値をいかに設計するか、学生目線で考え抜くことです。これは、まさに CX の本質です。

そして、利用者である学生や教職員の立場に立って、使いやすく価値あるシステム開発を進めることが、とても重要となります。どれだけ優れた機能があっても、利用者にとって使い勝手の悪いシステムでは、次第に使われなくなり、結果的にデータが蓄積されず、教学 IR (Institutional Research) としても十分に機能しないという負のスパイラルに陥ってしまうからです。

だからこそ、DX 推進においては、利用者の体験価値に基づく設計を徹底し、学生や教職員の目線に立って必要な機能を提供するという CX の観点が不可欠となるのです。DX は学生や教職員のためにあるものであり、CX に基づいたデザインこそがその原理原則であることを強調しておきたいと思います。

7.2. トータルシステムという考え方

次に DX 推進において重要な視点は、「個別最適ではなく、全体最適を図る」という考え方です。大学には会計システム、教務システム、LMS など様々なシステムが導入されています。こうした細分化されたシステム群が「システムの乱立」を引き起こしている状況が、多くの大学で問題となっています。

それぞれのシステム導入時には、目的を明確にし、業務に応じたカスタマイズを行い、各部署にとって最適化されたものとして構築されていたはずです。しかし、システム全体を見渡してみると、こうしたシステム間の連携には必ずしも配慮がなされていません。このため、それぞれのシステムが独立して稼働していることが多く、データ共有が十分ではないのです。

　例えば教務システムの履修データと LMS が連携していなければ、手作業でデータを抽出・登録する必要が生じ、ヒューマンエラーの発生も避けられません。

　このため、学内に乱立しているシステムを整理・連携し、あらゆるデータを統合 DB に集約・管理する「トータルシステム」の構築が必要となります。

　複数のシステムが存在しながらも、シングルサインオン(SSO) によりシステム間をシームレスに往来できることで、まるで 1 つのシステムを使っているかのような全体最適を実現する、これがトータルシステムの構想です。

　トータルシステムは技術的な整備のみならず、CX の観点からの設計も必要です。利用者である学生や教職員が最も心地よく感じられる環境を整備することを目指す必要があります。

　大学 DX が真の価値をもたらすには、単なるシステム管理ではなく、CX を原則とした全体的な最適化が必要不可欠であると言えるでしょう。

第 7 章　DX 推進の鍵

7.3. アジャイル型開発

　多くの大学がシステム開発する際にはウォーターフォール (waterfall) 型の開発が一般的となっています。大学側が開発業者に必要な仕様を提示し、業者は、仕様に沿った基本設計、詳細設計を経て、システムを実装し、最後に仕様を満足するかのテストを行う方式です。

　この場合、後から仕様を変更することが難しく、使い勝手の悪いシステムが導入されると、教職員が新たなシステムを使わないという事態になります。

　一方完成形を最初から目指すのではなく、利用者のニーズに応じて進化させていく開発手法もあります。いわゆるアジャイル (agile) 型開発であり、厳密な仕様を初めから固めるのではなく、概略の仕様のもとで小規模な単位ごとに実装とテストを繰り返しながら開発を進める手法です。

　例えば、アプリを開発する場合にも、完成形をいきなり投入するのではなく、学生からのフィードバックを反映しながら、細やかな機能追加や改善を重ねていくことで、学生が長く継続的に利用しやすいサイクルを形成していくことができます。こうしたアジャイル型開発手法は、まさに CX の実現に適していると言えます。

　また、アジャイル型開発の進め方は、利用者の体験価値や問題解決を中心に据える「デザイン思考」との親和性が高いこと

も特徴です。デザイン思考のプロセスでは、利用者に寄り添い、彼らの課題やニーズに基づいたソリューションを模索し、試行錯誤を通じて改善していくアプローチが重視されます。アジャイル型開発も、こうした試行と改善を繰り返すサイクルによって、利用者中心の最適化が可能となります。

特に現在のような、変化のスピードが激しく、社会やビジネス環境が複雑化して将来予測が困難な VUCA (Volatility, Uncertainty, Complexity, Ambiguity) の時代においては、変化に迅速に対応できるアジャイル型の推進体制が求められているといえるでしょう。

7.4. DX 投資への理解

大学 DX を推進するためには、必ずコストが発生します。これには、単なる初期投資予算だけではなく、新たなシステムやプロセスを導入する際の人的コストも含まれます。職員の学習負担、業務フローの変更に伴う適応期間、さらには新しい価値創造のための試行錯誤など、組織全体で乗り越えなければならない課題が存在します。

DX は単なる「コスト削減」のための ICT 投資とは本質的に異なるものです。一般的な ICT 投資は、業務の効率化や人員削減を目的とし、直接的なコスト削減を理由に整備を進めることが多いです。しかし、DX ではむしろ短期的にはコスト増とな

第7章　DX推進の鍵

ることが多く、その投資の意義を正しく理解することが不可欠です。

　大学におけるDXの目的は単なる業務効率化ではなく、新たな価値創造や組織全体の成長に貢献することにあります。例えば、民間の旅行会社などにおいても、スマホアプリを開発する理由には、単なるコスト削減ではなく、CXの向上を通じてブランド力を高め、選ばれる企業になることが背景にあります。このように、DXへの投資は、将来的な競争力を確保し、組織の持続可能な成長を実現するための「成長投資」なのです。

　実は、大学という組織においては、DX投資の判断が特に難しい側面があります。それは、大学の場合、学生の入学定員が決まっており、収入が基本的に固定されているため、民間企業のように投資による市場拡大を直接的に期待することができないからです。

　そのため、大学の経営者が投資判断する際にはDXがもたらす長期的な価値が十分に理解されないことがありえます。新しい校舎を建設するとか、設備を導入するという目にみえる成果がないことも一因です。

　確かに、DXは短期的な視点ではコスト削減につながらないかもしれません。むしろ、初期投資や導入後のトレーニング、業務フローの変革に伴う調整期間など、一時的なコストが増加する可能性が高いでしょう。しかし、その先にあるのは、教職員の働き方改革による業務負担の軽減、人的リソースの最適化、

さらには高付加価値業務へのシフトなのです。

　長期的な視点で見れば、DX は単なるコストではなく、大学という組織の成長と持続的な発展を支える「未来への投資」なのです。DX 投資への先見の明や理解が欠けたままでは、目の前のコストを理由に変革を先送りし、結果として組織全体の競争力を低下させることにもつながりかねません。短期的なコスト削減ではなく、長期的な価値創造を見据えた DX 投資の重要性を、組織全体で共有することが不可欠なのです。そして、いまの大学には、このような先見性のある人材が経営層に必要となります。

7.5. 世界観の共有

　DX の推進は、決して一人で成し遂げられるものではありません。それを導入し、活用し、組織として変革を進めていくには、共に働く仲間との協力が不可欠です。しかし、DX の効果は短期的に見えにくく、導入直後はむしろ手間が増えることさえあります。そのため、「なぜ DX を進めるのか」、「その先にどんな世界を実現したいのか」という共通の世界観を持てるかどうかが、DX 成功の可否を大きく左右します。

　大学に限らず DX の最大の障壁の一つは、未来を想像できない人たちの抵抗にあります。これは単なる技術的な問題ではなく、人間の心理に根ざした課題です。人は、自分が経験したこ

第 7 章　DX 推進の鍵

とのない変化に対して本能的に警戒心を抱きます。特に、現在の業務フローに慣れ親しんでいる人ほど、「このままで十分回っているのだから、変える必要はない」と考えがちではないでしょうか。つまり、「人の DX」こそが重要となるのです。

さらに、DX の効果は長期的に現れるものであり、導入直後の業務負担増や学習コストがネガティブに捉えられやすいものです。その結果、「このシステム、本当に必要なの？」、「結局、余計な手間が増えるだけでは？」といった疑問や批判が噴出し、導入が停滞するケースも少なくありません。

しかし、多くの反対意見の本質は、DX の価値そのものへの反対ではなく、「DX によって何が変わるのかを想像できていない」ことに起因しています。つまり、想像力の欠如が DX への最大の抵抗を生むのです。

このような状況を打破するために重要なのが、DX によって実現される未来の姿を、組織の中でしっかりと共有することです。DX の推進メンバーが「私たちはどこに向かうのか」、「なぜこの変革が必要なのか」という共通の世界観を持ち、それを組織全体に伝えることができれば、DX に対する誤解や漠然とした不安を軽減できます。

ただし、世界観を共有する際、組織のすべてのメンバーに同時に理解を求めるのは現実的ではありません。まずは推進メンバー間で強固な共通認識を持つことが重要です。推進メンバー自身が未来の姿を具体的に描き、それを実現するためのストー

リーを明確に持っていなければ、他のメンバーに伝わるはずもないでしょう。

　また、DX の導入フェーズでは、最初から組織全体の理解を得ることが難しいため、スモールステップでの成功事例を積み重ね、それを見せることも効果的です。よって、大学においては前述したアジャイル型開発が重要となるのです。

　最初から、ウォーターフォール方式で、すべての機能を網羅するのではなく、スモールスタートでアプリをリリースすることで、実際に学生が使った声や意見を聞き、それを開発に活かすことで、小さな成功体験を重ねながら、協力してよいシステムづくりを進めていく。これが大事です。

　例えば、第 5 章で紹介したように、OIDAI アプリの FAQ データ分析を通じて問題解決率を向上させた事例などは、「DX が単なる業務負担の増加ではなく、実際に学生支援の質を向上させる」という実証となっています。このように、成功事例を積極的に発信し、「DX がもたらすメリット」を視覚的に伝えることで、次第に組織全体の理解を深めることができるようになります。

　このように DX 推進において大切なのは、「世界観の共有が完全にできるまで待つ」のではなく、「推進メンバーが強固な共通認識を持ち、少しずつ周囲を巻き込んでいくこと」です。変革には時間がかかるものですが、確実に進めていくことで、やがて組織全体が同じ方向を向くようになっていくはずです。大学

のような個々の個性が強い組織では、特に重要な視点ではないでしょうか。

7.6. 執行部の理解

　大学 DX の推進には、経営者である理事会メンバーや学長を中心とする教学執行部の理解と積極的な関与が不可欠です。なぜなら、DX は単なる IT ツールの導入にとどまらず、大学の組織文化や業務プロセスの抜本的な変革につながる取り組みだからです。そして、その実践のためには大学トップの強力なリーダーシップが求められます。

　その理解が不足していると、大学として DX を活用した将来像を描くことができず、目的や方向性が不明瞭となり、場当たり的な取り組みになってしまいます。

　さらに、DX には、システムへの投資に加え、人材育成や組織改革にも資金が必要となりますが、短期的な費用対効果を重視すると、十分な投資が行われない可能性もあります。すでに紹介したように、DX 投資は、業務の効率化や人員削減を目的とした ICT 投資とは異なり、将来に向けた「成長投資」であることを理解することが重要です。

　また、DX は既存の業務プロセスや組織構造に変化をもたらすため、現場からの抵抗や不安が生じることがあります。このような不安に対して、執行部が変革の必要性を深く理解し、積

極的にコミュニケーションを取らなければ、スムーズな変革の実現は難しくなるでしょう。

大学において DX を成功させるためには、執行部が DX の重要性を理解し、ビジョンを明確に示して積極的に推進することが必要不可欠なのです。

7.7. 外部リソースの適切な活用

DX の推進において、外部リソースの適切な活用は不可欠です。技術革新のスピードが速まる中、大学内部のリソースのみで最新の動向に対応し続けることは困難であり、外部の専門家や開発パートナーの力を借りることで、より実効性の高い DX を推進できます。しかし、単に技術力のある企業に業務を委託すれば成功するわけではなく、その選定や活用方法によって DX の成否は大きく左右されます。

外部パートナーの技術力や専門性が高いことは前提ですが、大学 DX は単なる業務効率化ではなく、教育の高度化や学修者本位の学びの実現を目的とするため、大学のビジョンや特性を理解し、共感できるかどうかも大きなポイントとなります。「大学と共に創る」姿勢を持つ外部パートナーと協働することが成功への鍵となります。

また、外部リソースの活用は、高度な専門人材をピンポイントで活用できる点も重要です。大学が DX の専門家を内部で確

保し続けることは難しく、必要な技術や知見を適切なタイミングで外部リソースから調達することで、DXの成功確率を大幅に高めることができます。

そして何より、DXを成功に導くためには、外部パートナーとの信頼関係が不可欠です。単なる発注者・受託者の関係ではなく、「ワンチーム」として取り組めるかどうかが、プロジェクトの成否を左右します。技術支援だけでなく、大学のビジョンに共感し、方向性を共に議論しながら推進できるパートナーと協働することが、DXの本質的な成功につながります。また、こうした外部パートナーとの関係は、DX推進にとどまらず、プロジェクトに関わる職員の成長にも寄与します。外部の専門家との協働を通じて、職員は戦略的な思考やデータ活用の視点を学び、組織全体のスキル向上にもつながるのです。

DXはシステムを導入すれば終わるものではなく、大学の文化として根付き、持続的な改革を実現することが重要です。そのためには、外部パートナーを単なる請負業者としてではなく、共に大学の未来を創る「ワンチーム」としての意識を持ち、信頼関係を築くことが不可欠だと言えるでしょう。

7.8. 教職「学」協働

CXの観点から見ると、学生や教職員はDXの「利用者」であり、彼らの体験価値を向上させるためには、利用者の目線に立

って DX を推進することが重要です。そして、DX が単なるシステム導入にとどまらず、学生や教職員の体験価値を高めるものであると認識してもらうためには、導入や開発に自らが参加するという当事者意識を高めることも欠かせません。

このため、アプリや LMS の導入・開発にあたっては、教員と事務職員だけでなく、学生も参加したワークショップやヒアリングなどを実施し、学生の意見を反映したシステム構築が必要となります。

これは、従来の「教職協働」から一歩進んだ「教職学協働」とも言えるアプローチであり、学生も DX 推進の協働者として加わることで、より多様なニーズや期待に応えるシステム設計と構築が可能となります。

学生を含む教職学協働によって共に新たな環境を作り上げていくことは、時間はかかりますが、利用者が主体的に関わることで長く愛され、利用されるシステムを生み出す鍵となります。

学生や教職員のリアルな声に基づき、彼らの視点を尊重するプロセス開発こそが、CX に基づく DX 推進において非常に重要な意義を持つのです。

7.9. IR の民主化と組織全体での活用

大学の DX 推進において重要なことは、IR を専門部署や専門人材のみに頼らず、組織全体でデータを共有し、可視化や分析

によるIRを日常業務に取り込む体制と文化を構築することです。この「IRの民主化」を進めることで、改善のためのPDCA (plan-do-check-act) サイクルが各部署で自発的に回り、また教職員個々のデータリテラシーも向上します。リテラシーが不足していると、データの欠損や入力規則の不統一が生じ、データの信頼性が損なわれ、分析の基盤が成り立たなくなるからです。

IRの民主化はDX推進の基盤であり、データが教職員全員に開かれ、全組織で活用されることで、DXは真に組織全体の変革へとつながります。データが一部の部署や特定の人材に集中せず、全員の意思決定に役立つ形で提供される環境こそが、DXを円滑に進め、組織の連携を高める要となるのです。

7.10. 組織風土や文化を変革する挑戦

DXの推進は、既存の業務プロセスや組織構造に変化をもたらすものであり、現場からは必然的に抵抗や不安が生じます。これは単なる技術の導入にとどまらず、大学全体のあり方や仕事の意義に関わる「価値観の変革」です。

例えば、学生を窓口で直接対応することにやりがいを感じている事務職員にとっては、学生対応をアプリ経由で行うデジタルフロントの導入は大きな衝撃となるでしょう。「自分の仕事が否定されているのではないか？」と感じる職員もいるかもしれません。

そのような事務職員のケアも重要です。「学生が窓口に来るのは不安や疑問が解消されていないからであり、真に支援が必要な学生を逃さないためには、窓口に来なくても済む情報提供が大切だ」ということを理解してもらうことが大切です。そして、時間をかけ、不安を取り除き、教職員全員が自らの役割を再考し、新しい価値観を受け入れていく過程が必要となります。

　DX 推進の核心は、教職員の価値観を変える「パラダイムシフト」に他なりません。このシフトがなければ DX は形ばかりの施策に留まってしまいます。システムが導入されたとしても、教職員の心が伴わなければ成果には結びつかないのです。

　DX の本質とは、単に新しいツールやシステムを導入することではなく、組織風土や文化を変革し、教職員全員が学生の体験価値向上にコミットする文化を醸成することです。

　こうした風土と文化の変容は、まさに「学修者本位の教育」への転換であり、大学の DX 推進はそのパラダイムシフトを可能とする一助となるのです。CX に立脚した DX は、学生と教職員双方のための「進化」であり、真に学生が主役となる教育環境を創出するための道筋を切り拓くものだという確固たる信念が必要です。

終章　大学の未来とDX

　大学に明るい未来はあるのでしょうか。2024年度の入試では、はじめて、入学者の総数が、大学定員を下回るという大学全入時代に突入しています。今後は、18歳人口はさらに減少していくため、私立大学だけでなく、国公立大学さえも淘汰されると言われています。

　ここで原点に戻って考えてみましょう。少子化になったからと言って、高等教育の必要性がなくなるわけではありません。むしろ、先端技術分野での世界的競争が厳しさを増すなかでは、高等教育による人材育成が重要となっています。人口減にともなう社会課題を解決するためにも理系文系問わず、有為な人材がますます必要となります。

　つまり、大学の本来の使命である教育と研究を通して人材育成を進める大学は、今後も、その地位は揺るがないことを意味します。よって、いかに教育を充実させるか。ここが鍵です。

F.1. 教育の質保証

2000年に大学発祥の地であるイタリアのボローニャに、ヨーロッパ29ヵ国の教育大臣が集まり**ボローニャ宣言** (Bologna declaration) を発します。当時は、ヨーロッパの多くの学生がアメリカの大学に進学していました。このため、ヨーロッパの大学の質を高め、世界的にも魅力的な高等教育を提供することで、学生をヨーロッパに戻そうという宣言なのです。

ボローニャ宣言は世界に大きな影響を与え、大学教育の改革が進みました。その根幹のひとつが高等教育の質保証であり、大学が「学生に何を教えたか」"what is taught" から「学生が何を学んだか」"what is learned" へと教育の重点をシフトする動きです。このためには、学修成果の可視化が必要となり、欧米の大学ではIT技術を使った**教学マネジメント** (management of teaching and learning) が本格化しました。まさに、大学教育のDXであり、日本の教育改革は、これら海外事例を参考にして追従してきています。

例えば、本書でも登場する**学修管理システム** (learning manage system: LMS) は、海外では2002年に使用が開始されており、英語圏では、2010年には、かなり浸透していました[15]。一方、日本においては、LMSを導入して本格運用する大学が増えたの

---

[15] 2002年に導入されたLMSはMoodleです。現在、オープンソースとして広く提供されています。

終章　大学の未来とDX

は、2021年のコロナ禍以降となります。

　デジタル技術やICT技術を活用してよりよい教育手法を開拓する**エドテック** (Edtech) つまり educational technology（教育工学）の導入も欧米ではかなり進んでいました。しかし、日本の教育現場ではなかなか浸透しませんでした。最近になって、文部科学省が音頭をとるかたちで小中高で、ひとり一台のタブレット端末整備や教育現場へのICT技術の導入が進められています。GIGAスクール構想です。

　一方、日本の大学においては、憲法における「学問の自由」が前面に押し出され、教員個々の教育内容や手法に、大学が口を出すことがタブー視されてきました。このため、Edtechの導入もなかなか進んでいないのが現状です。いまのままでも教育は十分できているという意見や、教育にデジタルはなじまないという考えをもつ教員も多いです。

　また、大学には多くの高等教育の専門家がおり、学会や講演会で教育DXなどの先進事例を紹介しています。しかし、その成果は、所属大学の教育には活かされていないと聞きます。いまだに、**シラバス** (syllabus) を軽視する教員も多いのが実情です。

　一方で、教育の質保証を含めて、教育改革を組織的に推進している大学もあります。このような大学の学生満足度は、大学の偏差値に関係なく高く、少子化にあっても、その地位が揺るがないと言えるでしょう。

F.2. 日本の大学改革

2000年のボローニャ宣言を契機として、世界で高等教育の改革が進むなかで、日本においても大学改革の必要性が叫ばれてはいました。その象徴が2004の国立大学の法人化です。当時、国立大学には1兆3000億円もの国費が運営費交付金として投入されていました。文部科学省の予算全体の1/5を占めます。にもかかわらず、費用対効果があまりにも低いのではないかという批判が民間を中心になされていたのです。

ただし、残念なことは、日本における大学改革は「教育の質向上」という視点ではなく、行財政改革の一環と捉えられていたことです。

このため、3つの方針として
1　大学の再編・統合を大胆に進める
2　民間的発想の経営手法を導入する
3　第三者評価による競争原理を導入する
が掲げられました。いわゆる遠山プランです。

世界の大学では、教育の改革が進められていましたが、日本では、2の民間的発想を意識して「自分で稼げる大学になる」ということが強調されたのです。

しかし、教育は金儲けの道具ではありません。企業であれば、コストを抑えて製品をつくり大量に売れば金儲けにつながりますが、大学の主な収入源は学費です。そして、大学の教育が魅

終章　大学の未来とDX

力的だからと言って、学生数を増やすことはできません。あらかじめ決められた収容定員数の学生に、よい教育を施して、社会で活躍できる人材を輩出することが大学の使命です。

一方、大学において、金が稼げるのは大学病院と、理工系や経営系など企業から委託研究が貰える一部の教員です。そして、結果として、大学が本来担うべき基礎研究や、教育貢献に対する評価が軽視される状態になってしまい、教育が使命の大学に、教育を雑用と捉える教員が数多くいるという皮肉な状況となってしまいました。

大学の授業料は、決して安くありません。4年間で、国立大学では250万円程度、私立大学では600万円程度かかります。大学は、これだけの投資に見合う教育効果を学生や保護者に約束する必要があります。それができない大学は撤退するしかないのです。

もちろん、多くの大学には、FD活動というかたちで、よりよい授業を目指した組織的な活動は存在します。日本では愛媛大学が中心となったSPODと呼ばれる四国を中心としたFD活動があり、全国の大学から教員が参加しています。もともと**PODネットワーク**はアメリカで誕生しFD活動をした組織であり、1970年から進められてきた歴史と伝統のある活動です[16]。

---

[16] PODネットワークはThe Professional and Organization Development Network in Higher Education のことで、SPODのSはShikoku（四国）の頭文字です。つまり四国地域のPODという意味になります。

しかし、日本では、教員個人がその気にならなければ、なかなか教育改革は進みません。立派なICT機器を導入しても、教員が利用しなければ意味がないのです。授業改善に熱心な教員もいますが、まったく興味のない教員も多いです。

一方、世界の大学では、教育改革ならびにFD活動において、教育DXがひとつの中心課題となっています。また、教育を支える大学運営においてもDXの導入が進んでおり、経営効率化にも役立っています。日本においても、DXを推進することで、学生満足度の高い優れた教育を実践する大学が、志願者から選ばれる大学になるでしょう。

F. 3. 大学が消える？

ボローニャ宣言以降、教育改革の進むヨーロッパでは、どこの国のどの大学に行っても同等の教育を受けられることを目指しています。例えば、4年間、毎年別の大学に通っても、学士の学位が得られるようになります。このとき、重要となるのが単位の質保証と、単位互換です。

実は、いまの大学の学位に対しては、その質に関して企業から不満が寄せられています。例えば「情報工学」の学位を取得した学生が、「いったい何かできるのか」が不明というのです。

情報系学科の卒業生を採用したが、プログラミングがまったくできずに、再教育することになったと企業担当者が嘆いてい

終章　大学の未来とDX

ました。

　ここで、**マイクロクレデンシャル** (micro-credential) が登場します。「情報工学」というマクロな学位証明であるマクロクレデンシャルではなく、「Python を用いて、AI の機械学習用のコードが作成できる」「EXCEL を使った重回帰分析を行うことができる」など、より具体的な能力を明示して、それが基準をクリアすれば、学修証明が与えられるというものです。

　もちろん、日本にも政府の公認を受けた資格や、民間が主導している認定制度に基づく資格も数多くあります。また、大学によっては、英検（実用英語検定）や数検（実用数学検定）などの資格や TOEIC のスコアによって単位を与えることがあります。

　ただし、今後重要になるのは国際通用性と、資格証明の信頼性です。例えば、技術士資格は、すでに国際条約に準拠した国際資格として認められています。しかし、資格証明が紙では不便です。そのため、デジタル証明が重要となり、ブロックチェーン技術によって信頼性を高めた**デジタルバッジ** (digital badge) などが重要となるのです。

　ここで、国際的に認められたマイクロクレデンシャルが発行され、124 単位が取得できれば学位（学士号）が授与されるとしたらどうでしょうか。まず、社会人を含めた多くの人が学位を取得する可能性が拡がります。また、修業年限等の制限もなくなります。

一方、国際通用性のない大学は、マイクロクレデンシャルの発行ができません。よって、淘汰されることになります。日本でも多くの大学が消滅するでしょう。つぎの問題は、どの大学が学位を認定し、発行するかです。いまも、学士の学位を授与する大学改革支援・学位授与機構[17]はありますが、もし、大学が、その任を担うとしたら有名大学に依頼が殺到することになります。

　今後、ジョブ型雇用が進み、どの大学を出たかではなく「何ができるか」が問われるようになると、〇〇大学出身という卒業証書そのものが意味をなさなくなります。いまでも、国際社会では、日本の大卒という肩書は役に立ちません。

　いずれにしても、世界の高等教育の大きな潮流のなかで、今後、日本の大学には教育の質保証ならびに国際通用性という視点での大学経営が課されることになります。そして、そのためには大学 DX が不可欠となるのです。

F. 4. オンライン講義

　コロナ禍において、キャンパス入構が制限されたため、多くの大学がオンライン授業の実施を余儀なくされました。この際、

---

[17] 大学改革支援・学位授与機構では、「単位累積加算制度」と呼ばれる制度によって、高専の専攻科を修了した学生に、学士を授与しています。

終章　大学の未来と DX

LMS や e ラーニング (e-learning) の体制が整っていた大学と、そうではない大学では対応が大きく異なりました。

ただし、教師や学生が自宅において、オンライン講義を実施するためには、ソフトだけではなく、ハード面の整備も必要となり、大学は、その対応に追われました。ICT 技術を利用するために、その環境整備も必要となるのです。

ところで、コロナ禍のなかで、学会の開催をどうしようかという議論があり、その結果、オンラインで学会を開催すると決断したところも多かったのです。もちろん試行錯誤状態でしたが、なんとか慣れない会議ソフトを使いこなしながら学会を運営したのです。そのおかげで、新学期が始まる前に、多くの教員がオンライン会議のノウハウを共有できていたことが大学にとっては幸運であったのです。

いまでは、多くの国際会議がオンラインで行われるようになり、参加者にとってはコスト面も含めて大変便利になりました。これは、まさに DX、新しい価値創造になります。

ただし、LMS が整備されていたからと言って、よいオンライン授業が確約されたわけではありません。LMS 上に教材を置いて、課題を出すだけの教員もいました。結局、学生にきちんと向き合ってきた教員は、対面、オンラインに関係なく、学生から評価される講義を行ったと聞きます。

このことは、教育 DX が進み、Edtech が導入されたとしても同じことです。学生に向きあうことのできない教員の授業は、

デジタル化によっても改善しないということです。一方で、前向きな教員の授業は DX 化によって、よりよいものとなります。そして、いかにそのような教員を抱えることができるかが、大学の命運を握ることになります。

F. 5. 大学間連携

いま、多くの私立大学が定員割れに苦しんでおり、危機的な状況にある大学も少なくありません。このため、文部科学省も「再編・統合」あるいは一歩踏み込んだ「縮小・撤退」を提唱しています。そして、大学整理・統合の第一段階として、大学間連携を重視し補助金も用意しています。

大学間連携には、科目履修や単位互換、共同開講などが考えられます。また、地域の複数の大学が連携する地域連携プラットフォームや、それよりも一歩踏み込んだ連携推進法人の設立もあります。

しかし、大学設置基準では、必要な授業科目は自ら開設する「自前主義」が原則であったため、なかなか大学間連携が進みにくい状況にありました。また、教員にとっては、自分の科目が奪われるという危惧もあります。学生にとっては、地理的に離れた他大学での科目を受講するのは不便です。一方、ICT 技術によるオンライン講義が実施できる環境下では、共同開講や単位互換などの大学間連携が実施しやすくなります。

終章　大学の未来とDX

　放送大学やJMOOCを活用した単位認定も進みつつありますが、過度の運用は、授業の丸投げなど不適切な事例につながると文部科学省が懸念も表明しています。

　大学間連携では、講義だけでなく、経営DXの共有化も可能です。特に、地方の私立大学は小規模のところが多く、自前でICT環境を整えるのは大変です。そこで、複数の大学が共同でLMSを整備運用するなどの協働関係も考えられます。

　あるいは、複数の私立大学がクラウドを利用して、LMSやEdtechを共有することも一案です。いずれ、大学DXは、多くの大学に共通することが多いので、うまく共同利用できるようになれば、コストを抑えたうえで、魅力のある大学経営ができるのではないでしょうか。

F.6. 最後は人

　大学DXの推進は、教育の質保証に寄与するだけなく、これまでの大学の在り方そのものにも大きな影響を与えます。いままで、通信制大学では実習や実験ができないと言われていましたが、VRやARを利用すれば、それが可能となります。いままでの常識にとらわれていたのでは、大胆な改革はできません。このとき、重要なのは世界の動向に目を向けることです。グローバルスタンダードに準拠した教育を目指すことが必要です。

　国立大学協会のDXに関する講演で、著者のひとりの村上は、

国立大学クラウドを構築して、LMSなどを共有すべきではないかと提言したことがあります。しかし、賛同が得られませんでした。ひとつの大学内でも部局間の調整が難しいのに、ましてや大学間は無理というのです。

しかし、今後は、私立大学だけでなく、国立大学や公立大学でも厳しい状況が待ち構えています。大学DXを最大限活用して、効率的運営を行うとともに、よりよい教育環境を整備していく必要があります。教職員の働き方改革にもつながるはずです。

結局、大学DXの推進を妨げる最大要因は人です。したがって、「人のDX」こそが大切なのです。

ただし、どんなに技術が進歩したとしても、心が無ければ意味がありません。教育において大切なことは、教師が真摯に学生に向き合うこと、そして、学生がそれを真剣に受け止めることです。そしてなによりも大切なことは

The great teacher inspires.
偉大なる教師は、学生の学びの心に火をつける

ことであり、やはり、時代が変わったとしても、この基本は変わりません。最後は人であるということを結びの言葉にしたいと思います。

「学び続ける大学」への挑戦

追手門学院大学
学長　真銅　正宏

　大学とは、「学びの終着点」ではなく、「学び続ける力を育む場」です。

　私は、追手門学院大学の学生たちに、4年間にとどまらず、生涯にわたって学び続ける力を身につけてほしいと言い続けてきました。学問の専門性の修得はもちろん大切ですが、たった4年ではおぼつかない。むしろ「学ぶ方法」をも同時に身につけることで、学ぶこと自体の大切さを知ることができます。また、方法を学ぶことは、内容を学ぶ以上に、効果的に学ぶことを容易にします。

　本学の教学 DX 推進の根底にはこの考え方があります。

　我々が目指す社会は、持続可能な心地よい社会です。大学は未来社会の縮図を提供し、モデルを学ぶ場でありたいと願っています。そのために、本学ではさまざまな場面で、DX の力を借りて、あるべき未来社会の模索を行なっています。

　本文にもあるとおり、まず教学の場においては、本学独自の OIDAI アプリを開発し、統合 DB を構築しました。今後は AI アカデミックアドバイザーの実装を目指します。これらはすべて「学生が主体的に学ぶ環境」を構築するためのものです。また、学生支援の場では、主に学生と職員が中心と

なって、さまざまな学生サービスの効率化と効果向上を試み、働き方改革の場では主に職員と教員が、心地よい職場を目指した働き方の見直しを進めています。

　本学の中に、心地よい未来社会の未熟ながらも実践的なモデルを提示することで、学生たちも未来社会を垣間見、そこに至る道を探ってほしいのです。

　デジタル化の目的は、単なる利便性の向上や業務効率化のためではありません。私たちは「CX（Customer Experience：顧客体験）」という概念を大学経営に取り入れ、教育や学生支援のあり方を根本から見直しました。「学生中心の教育」とは、単に学生の満足度を向上させることではなく、学生が主体的に成長できる環境をつくることです。「学修者本位の教育」を、DX と CX によって実現すること、これが本学の目指す道です。

　この壮大な挑戦を支えてくれたのが、教職員の皆さんです。

　この挑戦は、大学経営の在り方を根本から問い直す試みです。従来の組織構造や業務フローを見直し、データを活用した意思決定へと移行するプロセスには、多くの困難が伴いました。それでも皆さんは、前例にとらわれず挑み続けてくれました。

　デジタルの力を真に活かすのは「人の意識」であり、組織の文化です。本学の教学 DX もまた、「仕組みの変革」ではなく、「意識の変革」でした。この取組みを通じて、教職員は「教育の高度化とは何か」「学生の成長をどう支えるべきか」という問いに向き合いました。OIDAI アプリや統合 DB の導入は、あくまでその手段であり、目的は教育の本質を問い、「学生と

ともに学び続ける大学」になることでした。教職員の意識は、確実に変化しつつあります。

ただしこの挑戦は、まだ始まったばかりです。さらなる不断の改革が必要です。

これまでにこの入口を切り拓いてくれた本学 CX デザイン局の皆さん、プロジェクトメンバーの皆さん、彼らを支えたすべての教職員の皆さんへ、心からの敬意を表します。

本書『大学における DX とは』において、追手門学院大学の DX の一端をご紹介でき、このような光栄なことはありません。村上先生および渡辺氏に感謝申し上げます。

大学の DX は、これからの高等教育において、重要な切り口の 1 つです。未達の部分も含め、読者の皆様のご参考になれば幸いです。

あとがき

　私は、追手門学院大学において、CXデザイン局の事務局長として大学におけるDX推進プロジェクトの統括責任者を務めました。このプロジェクトは、単なるデジタル化の枠を超え、CXという新たな概念の定着、そして組織風土や文化そのものを変革する挑戦でした。それは決して平坦な道のりではなく、次々と押し寄せる課題や壁にぶつかるたび、私たちは何度も立ち止まり、深く息を吸い、そして再び歩き出す勇気を振り絞ってきました。

　私に課せられたミッションは、単なるDXの導入ではありませんでした。何より重要だったのは、CXに立脚したDXの取り組みを一過性のムーブメントに終わらせるのではなく、追大の文化として根付き、持続的に成長し続ける仕組みを作ることでした。新たな試みは、推進者が去るとともに衰退しがちです。しかし、真の変革とは、組織のDNAに刻まれ、未来へと受け継がれるものでなければなりません。そのために私は、プロジェクトの先頭に立ち、次世代の若手・中堅職員たちと共に挑戦することを決意しました。

　プロジェクトの初期段階では、若手・中堅職員がCXトータルシステムという全体像を意識しながら進めることに大き

あとがき

な困難が伴いました。組織全体のマネジメントや意識の醸成にも課題があり、プロジェクトはまるで行き先の見えない真っ暗な荒海を進む小さな船のようでした。

そんな私たちを導いてくれたのは、追大の真銅学長でした。学長の存在が私たちの道を照らし、前に進む勇気を与えてくれました。学長は、確固たるリーダーシップをもってDXの重要性を高らかに提唱し続け、決して揺らぐことなく、変革への信念を貫きました。

学長のその姿勢が、教職員の意識を改革し、部門を超えた連携を生み、大学全体の変革への機運を高めました。そしてこの環境の中で、若手・中堅職員は日々成長し、ついにCXトータルシステムの原型を築き上げることに成功したのです。

迎えたプロジェクト成果発表会の日。彼らは自ら創り上げた新たな「5つの文化」を、誇り高く発表しました。

- CXファーストカルチャー
- 学生ファーストカルチャー
- 巻き込みカルチャー
- 学生・教員・職員協働カルチャー
- データドリブンカルチャー

これは、彼らが大学全体を俯瞰し、自らの役割を超えて主体的に取り組んだ成果であり、学内の壁を越えた協働の価値を深く体得した証でした。

発表の中で、彼らは「プロジェクトを通じて得た人脈、知識、そして何より追大の未来に貢献するという強い当事者意識を持てたことが最大の財産だ」と語りました。私はその言葉を聞きながら、こみ上げる感情を抑えきれませんでした。

私たちが積み上げてきたものは、単なるシステムの刷新やデジタル化ではありません。それは、人の意識を変え、組織の文化を変え、そして未来へと受け継がれる新たな組織風土や文化を創ることだったのです。

　このプロジェクトを通じて育まれた次世代の成長こそが、追大の未来を照らす光であり、組織を根底から支える力であると確信しています。彼らが築き上げた成果は、決して一過性のものではなく、未来へと繋がる確かな礎となるでしょう。

　このプロジェクトは、私一人の力では到底成し遂げることができませんでした。多くの追大関係者が関わり、支え合い、共に歩んだからこそ、ここまで辿り着くことができたのです。

　その中でも、CXデザイン局という新たな部署の運営に尽力し、プロジェクトではそれぞれのチームのリーダーとして活躍してくれた山口寛晃氏、神谷聡子氏、小河未和氏、河村泰文氏、笠原拓矢氏、岡野圭一郎氏に対して、そしてプロジェクトに関わってきた皆さん、またプロジェクトを支えてくれた全ての方々に心からの感謝を捧げます。

　そして、組織変革には避けられない軋轢もあり、ときに心が折れそうになるほどの困難に直面したこともありました。しかし、そんな時に私を支え、共に解決策を模索してくれた高本優一大学事務局長、北谷仁宏内部監査室長、辻本秀二財務・施設部長には、言葉にできない感謝の念を抱いています。

　何より真銅学長。学長のビジョンと信念がなければ、この挑戦は決して実現しませんでした。私はその志を心にとどめ、さらなる未来の追大を築くべく、尽力していく決意です。

　すべての学生が、追大での4年間を「本当に充実した時間

あとがき

だった」と心から思える大学へ。
　そして、すべての教職員が「ここで働けてよかった」と誇れる大学へ。
　このプロジェクトを通じて生まれた文化が、これからの追大の礎となり、次の世代へと受け継がれていくことを願いながら。心からの感謝を込めて——

2025 年春　渡辺　圭祐

参考文献

1　井上雅裕編著: **大学のデジタル変革 DX による教育の未来**（2022, 東京電機大学出版局）
大学の教育 DX に焦点をあて、広範囲に教育分野におけるデジタル変革をまとめた名著である。

2　ボストンコンサルティンググループ編: **BCG デジタル経営変革**（2018, 日経 MOOK）

3　村上雅人, 小林信雄: **デジタルに親しむ**（2023, 飛翔舎）
対話形式で、デジタル技術やインターネット発展の歴史や、AI についても手軽に学べる。

4　ジョン・グッドマン: **顧客体験の教科書**（2016, 東洋経済新報社）

5　ジョン・グッドマン, スコット・ブロッツマン: **デジタル時代のカスタマーサービス戦略**（2021, 東洋経済新報社）

6　田中 達雄: **CX（カスタマーエクスペリエンス）戦略：顧客の心とつながる経験価値経営**（2018, 東洋経済新報社）

7　八木 典裕, 則武 譲二: **感動 CX: 日本企業に向けた「10 の新戦略」と「7 つの道標」**（2022, 東洋経済新報社）

8　マルコ・イアンシティ他: **DX を成功に導く組織のデジタルリテラシー**（2022, Harvard Business Review, ダイヤモンド社）

9　藤井 保文, 尾原 和啓: **アフターデジタル –オフラインのない時代に生き残る**（2019, 日経 BP）

10　八子 知礼: **DX CX SX**（2022, クロスメディア・パブリッシング）

ウニベルシタス研究所について

 2019 年 5 月に設立された研究所です。ウニベルシタス universitas とは大学の語源となった言葉です。

 大学の原点は、学生の組合・教員の組合というウニベルシタスにあります。本研究所は、大学の原点に戻って、「教育の力」によって、「新しい価値の創造と発信」を目指すことを、中心に据えています。

 教育の力は絶大です。ダイバーシテイに基づく寛容な考え方や、知の継承は人類の所産であり、VUCA の時代において教育機関の重要性は大きくなっています。

 自由な立場に立つウニベルシタス研究所は、日本の高等教育に対する提言を行うとともに、日本の大学を取り巻く経済・政治・社会・文化・技術等の経営環境を調査検証しながら、研究成果を国内外に発信することを目的としています。

参照「ウニベルシタス研究所・開所趣意書」
https://universitas.themedia.jp

著者紹介

村上　雅人（むらかみ　まさと）

情報・システム研究機構　監事
2012年4月より2021年3月まで芝浦工業大学学長
2021年4月より岩手県DXアドバイザー、ウニベルシタス研究所顧問
2023年4月より現職。日本技術者連盟会長を兼務
著書には「教職協働による大学改革の軌跡」（東信堂,2021）
「大学をいかに経営するか」（飛翔舎,2022）　「デジタルに親しむ」（飛翔舎、2024）など多数

渡辺　圭祐（わたなべ　けいすけ）

学校法人追手門学院　CXデザイン局　事務局長
2003年4月より芝浦工業大学に入職
その後、内閣府、経済産業省、宇宙航空研究開発機構(JAXA)、中村学園大学等を経て2018年10月より追手門学院。長期構想2040・長期計画2030の立案や組織設計・人事設計を主導し、2023年4月より現職。

ウニベルシタス研究所叢書
大学におけるDXとは

2025年5月2日　第1刷　発行

発行所：合同会社飛翔舎 https://www.hishosha.com
住所：東京都杉並区荻窪三丁目16番16号
TEL：03-5930-7211　FAX：03-6240-1457　E-mail :info@hishosha.com

編集協力：村上詩織、小林忍
組版：小林信雄
印刷製本：株式会社シナノパブリッシングプレス

©2025 printed in Japan
ISBN:978-4-910879-20-8　C1037
落丁・乱丁本はお買い上げの書店でお取替えください。

ウニベルシタス研究所叢書　飛翔舎

日本の大学教育をよりよきものにしようと奮闘する教職員への応援歌

大学をいかに経営するか　村上雅人　　　　　1500 円
学長として大学改革を主導した著者が大学経営の基本は教育と研究による人材育成の高度化であることを記した書

プロフェッショナル職員への道しるべ　大工原孝　　1500 円
ウニベルシタス研究所長であり、大学行政管理学会元会長が混迷の時代に大学職員が進むべき道を指南

粗にして野だが ―大学職員奮闘記―　山村昌次　　1500 円
永年、母校の大学職員として強い使命感と責任感のもと職務に当たった著者が、学生への深い愛情と確かな指導力の大切さを説く

教職協働はなぜ必要か　吉川倫子　　　　　　1500 円
大学改革を教員との協働で成し遂げた著者が、教職協働の意義と重要性を説いている。多くの大学人にとって参考となる書

大学における DX とは　村上雅人、渡辺圭祐　　1800 円
大学経営に DX は不可欠である。その基礎からはじめて、追手門学院大学における画期的な手法を紹介

―ウニベルシタス研究所関連書―
新・大学事務職員の履歴書　ウニベルシタス研究所編　　2000 円
　大学冬の時代と呼ばれる。多くの私立大学は定員割れにあえいでいる。一方で、こんな時代にも元気な大学もある。そのカギは職員力である。本書は、大学改革にまい進した職員たちの履歴書であり、混迷の時代だからこそ参考になる話にあふれている。大学職員だけでなく、多くの大学人の参考になる必携の書である。

価格は、本体価格

飛翔舎の本

高校数学から優しく橋渡しする —理工数学シリーズ—

統計力学 基礎編 村上雅人・飯田和昌・小林忍
A5判 220頁 2000円
ミクロカノニカル、カノニカル、グランドカノニカル集団の違いを詳しく解説。ミクロとマクロの融合がなされた熱力学の本質を明らかにしていく。

統計力学 応用編 村上雅人・飯田和昌・小林忍
A5判 210頁 2000円
ボルツマン因子や分配関数を基本に統計力学がどのように応用されるかを解説。2原子分子、固体の比熱、イジング模型と相転移への応用にも挑戦する。

回帰分析 村上雅人・井上和朗・小林忍
A5判 288頁 2000円
既存のデータをもとに目的の数値を予測する手法を解説。データサイエンスの基礎となる統計検定と AI の基礎である回帰分析が学べる。

量子力学 I 行列力学入門 村上雅人・飯田和昌・小林忍
A5判 188頁 2000円
未踏の分野に果敢に挑戦したハイゼンベルクら研究者の物語。量子力学がどのようにして建設されたのかがわかる。量子力学 三部作の第1弾。

線形代数 村上雅人・鈴木絢子・小林忍
A5判 236頁 2000円
量子力学の礎「固有値」「固有ベクトル」そして「行列の対角化」の導出方法を解説。線形代数の汎用性がわかる。

解析力学 村上雅人・鈴木正人・小林忍
A5判 290頁 2500円
ラグランジアン L やハミルトニアン H の応用例を示し、解析力学が立脚する変分法を、わかりやすく解説。

量子力学 II 波動力学入門　村上雅人・飯田和昌・小林忍
A5 判 308 頁 2600 円

ラゲールの陪微分方程式やルジャンドルの陪微分方程式などの性質を詳しく解説し、水素原子の電子軌道の構造が明らかになっていく過程を学べる。

量子力学 III 磁性入門　村上雅人・飯田和昌・小林忍
A5 判 232 頁 2600 円

スピン演算子の導入によって、磁性が説明できることから原子スペクトルの複雑な分裂構造である異常ゼーマン効果が解明できる過程を詳細に解説。

微分方程式　村上雅人・安富律征・小林忍
A5 判 310 頁 2600 円

1 階 1 次微分方程式の解法に重点を置き、階数次数が増えたときにどうなるかを構造化し、また線形微分方程式や同次、非同次方程式の概念を解説する。

統計学　村上雅人・井上和朗・小林忍
A5 判 262 頁 2600 円

t 分布、χ^2 分布、F 分布などの確率密度関数を通して必要なデータが数式で表現できることを体感でき、データ統計分析の手法と数学的意味を理解できる。

価格は、本体価格

高校の探究学習に適した本 ―村上ゼミシリーズ―

低炭素社会を問う　村上雅人・小林忍
四六判 320頁 1800円
　二酸化炭素は人類の敵なのだろうか。CO_2 が赤外線を吸収し温暖化が進むという誤解を、物理の知識をもとに正しく解説する。

エネルギー問題を斬る　村上雅人・小林忍
四六判 330頁 1800円
　再生可能エネルギーの原理と現状を詳しく解説。国家戦略ともなるエネルギー問題の本質を考え、地球が持続発展するための解決策を提言する。

SDGs を吟味する　村上雅人・小林忍
四六判 378頁 1800円
　世界中が注目している SDGs の背景には ESG 投資がある。人口爆発や宗教問題がなぜ SDGs に含まれないのか。国際社会はまさにかけひきの世界であることを示唆する。

デジタルに親しむ　村上雅人・小林信雄
四六判 342頁 2600円
　コンピュータの 2 進法から始めてデジタル機器の動作原理、その進歩、そして生成 AI の開発状況までを解説。

ナレッジワーカーの知識交換ネットワーク　村上由紀子
A5判 220頁 3000円
　高度な専門知識をもつ研究者と医師の知識交換ネットワークに関する日本発の精緻な実証分析を収録

価格は、本体価格